Lisons la France

閱讀法國

About 〉特集

本期封面繪圖：幾米

Net and Books 網路與書　2001年2月試刊號

經營顧問：Peter Weidhaas　陳原　沈昌文　陳萬雄　朱邦復　高信疆

發行人兼主編：郝明義　策劃指導：楊渡　執行編輯：黃妣俐
北京地區策劃：于奇　香港地區策劃助理：陳詩詠
美術指導：張士勇　本期執行美編：謝富智　攝影指導：何經泰　印務指導：吳可明

總經理：蘇拾平　行政主任：范惠君　客戶服務：劉玉如

Advisors：Peter Weidhaas　Chen Yuan　Shen Chang Wen　Chan Man Hung
　　　　　Chu Bang Fu　Gao Xin Jiang
Publisher：Rex How　Editorial Director：Yang Tu　Executive Editor：Huang Tan Li
Managing Editor in Beijing：Yu Qi　Assistant Editor in Hong Kong：Tina Chen
Art Director：Zhang Shi Yung　Editor：Xie Fu Zhi　Photography Director：He Jing Tai
Production Director: Wu Ke Ming
President: S. P. Su　Adminsitration: H. J. Fan　Customer Service: Jessie Liu

出版者：英屬蓋曼群島商　網路與書股份有限公司台灣分公司　Net and Books Co. Ltd. Taiwan Branch (Cayman Islands)　台北市南京東路4段25號10樓之1　10F-1, 25, Section 4, Nanking East Road, Taipei, Taiwan
Tel: +886-2-2546-7799　Fax:+886-2-2545-2951　Email:help@netandbooks.com　http://www.netandbooks.com
製版：凱立國際印刷 (股) 公司　印刷：詠豐印刷 (股) 公司　台灣地區總經銷：宇泰圖書有限公司　地址：台北縣三重市大智路139號　電話：886-2-2981-8089　傳真：886-2-2988-3028
每期定價：台灣地區　NT$150元　香港地區　HK$40元　新加坡地區：新幣10元　馬來西亞：馬幣18元

怎樣閱讀這份月刊，以及網站？

我們希望和閱讀的人共同探索三個問題：

一・在每天新生的這麼多知識裡，我不該錯過什麼？

二・當我在生活、工作、社會中產生想要探究的問題時，我要怎麼尋求閱讀的解答或是參考？

三・當我要進入一個新的知識領域時，我該怎麼入門，怎麼進階？

第一個問題，相當於閱讀的點。因此，是這份月刊裡所有和「・」相關的欄目。

第二個問題，相當於閱讀的線。因此，是這份月刊裡所有和「__」相關的欄目。

第三個問題，相當於閱讀的面。因此，是這份月刊裡所有和「＞」相關的欄目。

除了這份平面月刊版之外，我們還有一個網路版 www.netandbooks.com

網路版是平面月刊的輔助，以及延伸。

由於有些文章在平面月刊上難以全文刊登，因此網路版有輔助的作用。

由於有些題目我們必須等待讀者的回應與參予，因此網路版有延伸的作用。

網路版，可以看作是進入點、線、面之外的另一個空間。

www.netandbooks.com

跨越閱讀的界限

2001年2月	2001年5月
試刊	正式公布

About ＿ 閱讀的線

p.68

p.76

About ． 閱讀的點

p.66

p.110

密 林 裡 尋 找 一 片

1999年春節期間，我在紐西蘭渡假，讀了一本書：《如何閱讀一本書》（How to Read A Book）。這本書的作者是艾德勒，初版在1940年，歷經六十年後，在最近的Amazon排行榜上，仍然排名4,000名左右，是一本歷久彌新的經典。

一氣讀完後，有兩種強烈的感覺。

先是羞恥。我是個做出版工作的人，成日與書為伍，結果到那個春節前的兩個月才知道這本書，到自己四十四歲這一年才讀這本書，幾乎可說無地自容。之外，也不免深感懊惱：如果在我初高中青少年時期，就能讀到這本有關如何讀書的書，那我會節省多少閱讀的冤枉路？

但，另一個感觸則是：何其有幸。在出版業工作了二十多年之後才讀到這一本書，固然是不幸，也可以說是有幸。這麼多年來，我在閱讀的路上，思索固然很多，困惑也多，想清楚的有一些，想得模糊的更多。就如同書名《如何閱讀一本書》所言，這本書幫我就讀書這件事情的思索和困惑，做了許多印證和總結。如果沒有經歷這麼多年的尋覓與顛簸，發現與失落，我讀這本書的感受不會這麼深刻，收穫也不會這麼豐富。因此不論就讀者還是出版者的身分，我相信這本書都深遠影響我的未來。（附帶說明一下，當時我還在商務工作，就決定出版這本書，自己動手翻譯。）

紐西蘭的夏天，雲來的時候，寒意逼人，雲去的時候，艷陽高照。窗外的樅樹，則靜靜地聳立。

□

我會知道這本書，是極偶然的。

前一年，也就是1998年年底，我和一位譯者在來來飯店討論稿件。談完公事，我們聊天，聊到一部叫作《益智遊戲》（Quiz Show)的電影。電影是真事故事，主角是1950年代，美國哥倫比亞大學一位英姿煥發的年輕教授，查理·范多倫。查理·范多倫書香門第，父親馬克·范多倫不但是哥倫比亞大學的名教授，在美國文學史上也有其地位。查理·范多倫由於博覽群書，才氣過人，就參加當年風行美國的電視益智節目，結果連續拿下十四週冠軍（今天網路上還可以找到當年的題目，難度非同小可）。查理·范多倫固然因而成了智慧的代表，知識的英雄，但是他終究不敵良知的煎熬，最後坦承作弊，是主辦單位提供了他許多問題的答案。查理·范多倫辭離哥倫比亞大學，就此隱姓埋名。

電影在查理·范多倫黯然離開他父親書房時結束，那天我們談的是他離開那個書房之後的事。我從

樹 葉 的 探 險 +郝明義

那位譯者那兒得知查理・范多倫後來如何又蒙艾德勒收留。艾德勒原是美國芝加哥大學教授，除了寫過第一版的《如何閱讀一本書》之外，還以主編過五十四卷本的《西方世界的經典》，以及擔任1974年第十五版《大英百科全書》的編輯指導而聞名於世。查理・范多倫襄助艾德勒編輯大英百科全書，並且把《如何閱讀一本書》原來的內容大幅修編增寫，因此，今天我們讀到的《如何閱讀一本書》，作者是由艾德勒和查理・范多倫共同領銜的。

我因為對范多倫故事的好奇，而去買了《如何閱讀一本書》。而最後滿足的不只是我的好奇心，還有對閱讀及出版的重新歸納。

□

網路發展之後，閱讀開始重新定義。網路與書籍，成為一體兩面。電子界面的閱覽，和紙張界面的披讀，成為相輔相成的途徑與工具。我們正式由「讀書」的時代，進入「閱讀」的時代。

如果說知識本來就是一座密林，那麼網路發展之後，密林就更加深沉。

如果說閱讀本來就是在密林裡尋找一片樹葉的探險，那麼今天尋找那片樹葉的探險，也就更加難以預測。

閱讀能滿足自己的希望與需要，越來越不免要有些機緣的因素。

上面談到我自己會讀到那一本正好是我需要的書，只是機緣因素的一個小小例子。

□

我想，應該有很多和我有同樣困惑與需要的人。

之後，一個和閱讀相關計劃的念頭，就開始逐漸成形。

歸納起來，一個閱讀的人不免有三個問題：

1. 在每天新生的這麼多知識裡，我不該錯過什麼？

2. 當我在生活、工作、社會中產生想要探究的問題時，我要怎麼尋求閱讀的解答或是參考？

3. 當我要進入一個新的知識領域時，我該怎麼入門，怎麼進階？

我覺得一個和閱讀相關的計劃，應該和讀者共同探索這三個問題。

並且應該兼顧網路和書籍兩種不同閱讀型態的需要。

□

書籍，是一種傳統型態的網路。

網路，是一種新型態的書。

這樣一個重新探索閱讀，跨越閱讀界限的計劃，因此名為Net and Books——網路與書。

□

這個計劃希望探索的主題既然跨越網路與紙張界面的閱讀，那麼呈現的表現型態也應該如此。

因此，這個計劃包含一個平面月刊，以及一個網站。

換句話說，這個計劃有兩個版本：平面版，以及網路版。

我們希望這兩個不同的版本各有不同的閱讀樂趣及收穫。只是，發展的重點有先後區別。

在短期，也就是大約三年之內的時間，我們將以平面版為主，以網路版為輔。過了這段時間，等網路的環境和市場條件更成熟之後，我們將以網路版為主，以平面版為輔。

□

我們既然在跨越網路與紙張的界限，當然，我們更要跨越地域的界限。

這個計劃探討的書籍與網站，將跨越地域界限。

這個計劃的寫作者，將跨越地域的界限。

這個計劃的讀者，將跨越地域的界限。

這個計劃的工作方法，也將跨越地域的界限。

當我們在說地域界限的時候，短期之內，我們指的是華文世界的地域界限。長期，則希望跨越語種的地域界限。

□

要跨越這樣的界限，我們必須將本身的立場儘可能地縮小，最好只回歸到一個原點。

在閱讀的世界裡，這個原點，就是讀者。

在我們自己某個地域、某個專業、某個身分之前，我們每個人都是讀者。

沒有一個讀者一定高於另一個讀者，也沒有一個讀者的經驗等同於另一個讀者。

在知識的密林裡，我們每個人都在摸索前進。

面對這樣一個密林，每個人發言的時候，不應該是因為自覺站上了什麼高度，而應該是想把自己摸索、顛簸的經驗，中途遇到陷阱的困頓，以及尋找到那片樹葉的驚喜，和大家分享。

這樣分享的本身，可以觸動別人的機緣，也會回頭觸動自己的機緣。

□

希望所有的讀者參予這個分享。

不只閱讀別人的分享，也提出你的分享。

□

閱讀不是纖細的，不是文弱的。

我們的分享，也應該是壯闊的，華麗的。 ■

等待分享

請投稿
我們等待您提出您自己探索閱讀的經歷與心得。
editorial@netandbooks.com

請提供出版資訊
歡迎各地出版公司提供新書資訊。
editorial@netandbooks.com

請加入我們的工作陣容
編務或業務；全職或兼職。
rex@netandbooks.com

請加入我們的訂閱會員
請參閱本刊訂閱辦法，
或聯絡　help@netandbooks.com

請反映您的意見
我們等待批評與指教。
內容方面　editorial@netandbooks.com；
服務方面　help@netandbooks.com

如果您不使用e-mail，請聯絡以下地址：

網路與書股份有限公司台灣分公司
台北市南京東路4段25號10樓之1
Tel: +886-2-2546-7799
Fax:+886-2-2545-2951

機器人的演化

去年11月橫濱舉行了 ROBODEX 2000。日本人紛紛展出各種技術。

Sony繼電子狗Aibo之後，這次展出了機器人SDR-3X。從SDR-3X踢足球的神態看來，舉手投足間甚爲俐落，技術應該更有進展。如果你相信機器人正在演化成爲另一種

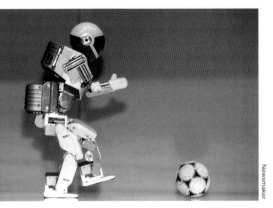

SDR-3X

「人」，有一本書不妨一讀。《機器人類的演化》(Robo Sapiens: Evolution of a New Species)由一位攝影家和一位記者合著，他們遍訪世界各地開發機器人的實驗室和公司，內容深入，攝影也很精彩，可以讓讀者體會一下科幻小說成眞的感覺。

書籍閱讀：Robo Sapiens: Evolution of a New Species, by Peter Menzel and Faith D'Aluiso.

手機族的正與負

元月份，行動電話有兩則相關消息。菲律賓總統艾斯特拉達因貪瀆案下台前夕，陪伴著上百萬抗議民眾走上街頭的，是行動電話的短訊立即傳輸熱。菲律賓手機族利用數字替代文字等短訊，傳輸給別人，不但快速，費率比語音信箱還便宜。因而手機族紛紛一天發送數百封訊息來傳達各種抗議與流言，並且大量寄發短訊給菲律賓軍方，呼籲軍方不要支持艾斯特拉達。

和行動電話相關的另一則消息，是德國科學家發現：手機族罹患眼癌的機率，是不經常使用者的三倍。雖然研究者強調這份報告仍有待進一步證實，但這是第一份提出手機電磁波與人類癌症相關的科學報告。最近有家美國行動電話公司Verison Horizon已經挨告，消費者表示因爲手機而可能罹患腦癌等病症，求償上百億美元。

智慧藏的發展

「智慧藏」於去年2月台北書展成立，12月宣布正式上線。因爲有遠流出版公司之投資與資源支援，並且在內容上與中國大百科出版社、中央研究院資料庫等合作，因

Wordpedia畫面

此「智慧藏」不論在字典與百科全書相關的內容上，還是在網站或Palm等平台上的服務，都展現了相當的實力與規模。

今年1月31日台北書展揭幕前夕，「智慧藏」再進一步宣布線上電子書店的流通服務，值得注意。

相關網站：www.wordpedia.com

紅燈記在台上演

文革時期著名樣板戲《紅燈記》可以在台灣上演了！原本，教育部在審查時，《紅燈記》是與老舍的三齣戲（茶館、四代同堂、龍鬚溝）一起審查，但因《紅燈記》太過敏感，被教育部要求刪除，才准予演出。引進該戲的「紅劇場」認爲，兩岸都已經如此開放了，還有什麼政治上需要禁忌的，就算是樣板戲，也早已失去時代的意義，而宜由「劇場經典作品」的角度去看。因而透過立法委員王拓向教育部詢問，表達「不滿與關切」。

教育部對立委似乎有些顧忌，情急之下，乃召開緊急會議，重審《紅燈記》，最後終於通過。於是就

變成大陸樣板戲與老舍三部曲在台灣演出的場面。

朱邦復的電子書

電子書是全球熱門話題。去年朱邦復在香港宣布將發展中國人開發的電子書文昌一號、二號後，引起各方矚目。今年1月31日，朱邦復在台北發表了文昌一號的原型，命名為「文昌電書」。

文昌電書特色在於硬體突破性地使用中文CPU，軟體則直接由中文CPU控制，總共可產生三萬多個中文字。文昌電書長20公分，寬15公分，厚1公分。使用二顆AA電池，可連續翻書一萬頁。量產成本每台低於一千元新台幣。

冉亮走了

中國時報駐美特派記者冉亮，因為癌症併發症，在元月十八日過世。冉亮在1994年發現罹患第三期乳癌。她開始與癌症展開勇敢搏鬥，一度痊癒。這段經過她寫成《風聞有你，親眼見你》（大塊出版）一書，並經《讀者文摘》刊登書摘。

1999年，冉亮再度發現癌細胞反撲，進入另一個階段的抗戰。到今年一月辭世。冉亮最為人難忘的就是她積極、敬業面對人生的態度。即使在她最為病痛折磨的時刻，她也從未疏忽過一刻身為記者的職責。這種精神，也反映在她生命最後階段在報紙上連載的病中專欄。不論專欄本身的內容，還是其寫作過程，都令人動容。冉亮最後的這本書，即將由圓神出版公司出版。

2000年2月號《讀者文摘》中文版

台灣內向世代作家

台灣的新世代作家駱以軍、成英姝、王文華在新世紀交替之際，交出亮麗的成績單。

駱以軍去年長篇小說《月球姓氏》（聯合文學）勇奪中國時報、聯合報等各大好書獎，創下罕見

的紀錄；而成英姝的推理小說《無伴奏安魂曲》(時報出版)則獲得中國時報百萬小說獎。

這三位作家都有三十三、四歲的年紀了，還稱為「新世代」有些尷尬，比起上一輩四十幾歲的張大春、朱天心，二十出頭的年紀，就已經是文壇肯定，這一代作家的際遇，不管是外在的文學環境，還是作家本身的創作，都面臨不同於前輩的嚴峻考驗。

駱以軍、王文華早在一九九二年就曾獲得聯合文學新人獎。同一年得獎者邱妙津，於一九九六年在巴黎自殺，死後發表的《蒙馬特遺書》（聯合文學）帶給文壇震撼，也促使台灣文學界提早接納以酷兒理論做資源的同志作家紀大偉、洪凌、陳雪〈他們這一輩比駱以軍、王文華小了六、七歲，又差了一代〉。然而被青年評論家黃錦樹拿來與日本「內向世代」作家相較的駱以軍、賴香吟、王文華，在得到拔擢新人的文學獎比賽後，卻不約而同蹉跎近十年。

銜接在駱以軍內向世代、紀大偉洪凌的酷兒世代之後，接續是網路文學的天下了。網路族群還信仰文學嗎，內向世代倚賴古典修辭的手工業特質，會不會如煙消逝，要繼續觀察下去。　■

出版趨勢
Trends in Publishing

多年來，大家一直擔心書籍是不是即將沒落．圖像為主的雜誌、電視、電影、網路，都曾經被認為是可能終結書籍的殺手。然而，今天書籍所面臨最大的威脅，結果來自於出版業本身幾十年來的蓬勃發展。法蘭克福書展前任主席提出他的觀察。

＋衛浩世　Peter Weidhaas

我成為出版業的公眾人物以來，一直被憂心忡忡的人追問一個問題：書籍是不是即將沒落。事實上，在1949年第一屆法蘭克福書展的開幕演講裡，有一位發言者就深覺為了提醒大家書籍文化之衰落而責無旁貸。當時，鞭辟入裡的觀察家很相信：發行量正要起飛的圖像豐富的雜誌，已經對書籍構成嚴重威脅。之後，歲月婆娑，一連串所謂的新媒體，扮演了可能終結書籍生命的角色：先是收音機的挑戰，再來電影，再來電視（一定程度以內，電視倒的確如此）。時至今日，則是網際網路，以及電子型態的媒體。

但是書籍並沒有消失，也沒有顯示任何衰微的跡象。相反地，放眼全球，最少在量上，書籍已經發展成為任何人都不能小看的產業。過去五十年的法蘭克福書展，以及全世界許許多多蓬勃發展的書展（台北書展正是其一），都一直在反映這個趨勢。

早期法蘭克福書展那些憂心忡忡的觀察者想不到的是，真正造成對書籍文化的威脅，其實來自於出版業本身幾十年來的蓬勃發展。尤其過去幾年書籍市場所經歷的眩目成長，使得即使是我們這些專業的出版人，也不免產生了對生存的疑慮。

從沙龍到股市

這幾年來，出版產業突然爆發了全球化，全世界性的企業合併風潮。其中，光是德國的貝特斯曼一家就獨佔媒體的鰲頭，幾乎每個月都有特別的「交易」登場。新的科技不斷出現又廣泛應用在書籍這個行業裡的每一個環節，從生產，發行，行銷，以至於內容，使得整個書籍產業和資訊與媒体不過一鍵之差。以上這些就是過去這段時間裡，爆發力十足，卻又令人十分憂心的發展。在年度交替之際，德國一家出版公司的主管倒下了這麼一個結論：「老爸爸的出版公司已經再見了。今天我們不再需要通才的出版人了。文學世界的重心，已經從沙龍轉移到股票市場了。」

我們不妨還是從法蘭克福書展來觀察。法蘭克福書展固然是個難以比擬的商業機制，也是個重要的文化聚會。過去十年間，法蘭克福書展的成長反映在數量的成長上，同時也反映在許多特定目標群体日益深化的專業上。這些特定群体同時成為參展者(

＋ 衛浩世(Peter Weidhaas)擔任法蘭克福書展主席長達二十多年，今年退休，對全球出版業影響深遠。去年法國一家媒体票選近五十年來對歐洲影響最大的人，德國有三人入選，君特·葛拉斯，前總理柯爾，以及衛浩世。

Exhibitors），以及訪展者（Trade visitors）。這種變化，起初會覺得有些自相矛盾。

以電子媒體來說，參展的產品越來越專業化。舉個例子，任何進入數位媒體區域的人，不是去尋找教育軟體，就是去找法律資料庫，很少人會為一般泛泛的課題而尋找電子媒體。當然，與此相呼應的，就是許多專業出版者也推出越來越多的專業出版品。同樣地，像皮爾森（Pearson）、瓦特克魯爾（Wolter Kluwer）、里德（Reed）這些公司不斷重組為大型國際出版企業的過程，本身也說明了大家對專業出版的這一塊抱有多大的期望。

在這同時，我們在許多主流出版公司間卻看到一個正好相反的趨勢。過去這些出版公司總會把出版品區分出諸如藝術書，宗教書，青少年書等等類別。今天，越來越多的出版公司卻主張他們是「綜合性」出版，因而希望能夠樹起「主流」(Mainstream)出版者，或是所謂「叢書」（Trade Book）出版者的旗幟。

如果我的了解沒錯，那這也更呼應了前面那位出版公司主管所言。他所說的出版者之消失，不只發生在小說與詩的文學領域，也發生在所有其他出版領域。出版不再是個獨立的職業。就科技和專業書籍的領域而言，出版已經成為資訊媒體的一部份；就叢書的領域而言，出版又被吸納進另一個更大的媒体——娛樂媒体。

盧特漢的遺憾

我願意先談德國一個比較小而不起眼的例子，再擴大到國際的視野來說明這個過程。

在德國，一直到大約十年以前，盧特漢出版公司（Luchterhand Verlag）都被認為是當代文學書籍的一個領導性出版者。這家出版公司出版過諸如君特‧葛拉斯等當代許多重要作家的作品。這家出版公司的財務獨立，而他們之所以能有如此企圖心來進行一些長期的出版規劃，則是靠一些法律書籍的收入來挹注。他們的編委會由作者組成，以確保出版內容的自主。進入1990年代，德國的出版界出現結構性的改變，整個文化版圖也因而產生變化。盧特漢的專業書籍出版部門也賣給了國際性的出版公司瓦特克魯爾。剩下來的文學出版部門，因而開始走入一個不可知的未來，許多最重要的作家也開始逐漸流失。很矛盾的是：作者組成的編委會越是嚴格地堅持文學出版之不可妥協，越是沒法在文化形象和商業成績之間取得一個必要的平衡。這家出版公司的困頓，有助於我們了解很重要的一點：盧特漢所失去的，是原來的經營方程式，也就是他們在乾燥無味，但利潤豐厚的專業學術書，和銷售困難，但可確立他們崇高地位的文學書之間的平衡。今天他們的文學書籍部門雖然繼續在出版，但是其影響力已無法和十年前相比了。

這樣的結果不只失去了出版的多樣性，也失去了文化的多元性。類似例子，不只一端。

書籍不會消失，會消失的是獨立的出版人。

佛洛伊德與Coffe in the Rain

想跟大家介紹一段在書籍與網站間閱讀的經驗。不過，還是先
從故事的原點說起吧……

＋陳佳伶

佛洛伊德

高中時開始對佛洛伊德感興趣，起初是關於《夢的解析》。十六、七歲的世界，是聯考的壓力、青春的天眞與敏感、對世界的好奇，和其他莫名的成分拼湊出來的圖像。我在那時認識了精神分析，和這一切的原點，夢與潛意識。佛洛伊德對夢的解釋使我恍然明白，原來人的腦子裡有一個深邃神祕的宇宙，叫做潛意識，特別是在黑夜裡，它藉著夢傳達微妙的訊息，解釋白天生活裡一些互爲串連的活動，或是關於記憶不可溯及的童年，甚至從未有人涉足的神祕領域…而這一切，竟都有脈絡可循，都可以分析。我對心理學的好奇自此產生，一發不可收拾。

西方思想的源頭

對心理學的興趣給予我不同的思考角度，能更敏銳地觀察自己和別人，並懂得解讀人們言語動作中無意洩漏的內心。這可是佛洛伊德的大發現。雖然有時不免被我濫用成了所謂的「敏感」和「多慮」，但確也

增加了許多思考的刺激和趣味。夢境以象徵的形式表達潛意識內容，時下流行的心理測驗便是以類似方法透視象徵物的意涵。上了大學後，我發現西方思想文學的源頭——聖經裡，上帝的話無處不是象徵，先知及耶穌的傳道亦常藉隱喻發聲；象徵更是詩的基本元素。

及至研究所，接觸完全不同的精神分析理論，也就是佛洛伊德之後精神分析學派轉移到治療之外的文化分析應用，我才瞭解，原來文化現象和人類心理一些主要徵象與因素實有密不可分的關係。文化演進越趨繁複，人對自我內在的瞭解與外在文化機制的修正就越形重要，挑戰也越大。

榮格的背影

同時我接觸了榮格（C. G. Jung）分析學派，進入一個潛意識之外更廣大的未知：集體無意識；它主宰著個人意識所不及的人類心靈源頭，並形成東西方不

＋ 陳佳伶／網路世界與心靈宇宙的漫游者。

Exhibitors），以及訪展者(Trade visitors)。這種變化，起初會覺得有些自相矛盾。

以電子媒体來說，參展的產品越來越專業化。舉個例子，任何進入數位媒體區域的人，不是去尋找教育軟体，就是去找法律資料庫，很少人會為一般泛泛的課題而尋找電子媒体。當然，與此相呼應的，就是許多專業出版者也推出越來越多的專業出版品。同樣地，像皮爾森（Pearson）、瓦特克魯爾（Wolter Kluwer）、里德（Reed）這些公司不斷重組為大型國際出版企業的過程，本身也說明了大家對專業出版的這一塊抱有多大的期望。

在這同時，我們在許多主流出版公司間卻看到一個正好相反的趨勢。過去這些出版公司總會把出版品區分出諸如藝術書，宗教書，青少年書等等類別。今天，越來越多的出版公司卻主張他們是「綜合性」出版，因而希望能夠樹起「主流」(Mainstream)出版者，或是所謂「叢書」（Trade Book）出版者的旗幟。

如果我的了解沒錯，那這也更呼應了前面那位出版公司主管所言。他所說的出版者之消失，不只發生在小說與詩的文學領域，也發生在所有其他出版領域。出版不再是個獨立的職業。就科技和專業書籍的領域而言，出版已經成為資訊媒体的一部份；就叢書的領域而言，出版又被吸納進另一個更大的媒体——娛樂媒体。

書籍不會消失，會消失的是獨立的出版人。

盧特漢的遺憾

我願意先談德國一個比較小而不起眼的例子，再擴大到國際的視野來說明這個過程。

在德國，一直到大約十年以前，盧特漢出版公司（Luchterhand Verlag）都被認為是當代文學書籍的一個領導性出版者。這家出版公司出版過諸如君特‧葛拉斯等當代許多重要作家的作品。這家出版公司的財務獨立，而他們之所以能有如此企圖心來進行一些長期的出版規劃，則是靠一些法律書籍的收入來挹注。他們的編委會由作者組成，以確保出版內容的自主。進入1990年代，德國的出版界出現結構性的改變，整個文化版圖也因而產生變化。盧特漢的專業書籍出版部門也賣給了國際性的出版公司瓦特克魯爾。剩下來的文學出版部門，因而開始走入一個不可知的未來，許多最重要的作家也開始逐漸流失。很矛盾的是：作者組成的編委會越是嚴格地堅持文學出版之不可妥協，越是沒法在文化形象和商業成績之間取得一個必要的平衡。這家出版公司的困頓，有助於我們了解很重要的一點：盧特漢所失去的，是原來的經營方程式，也就是他們在乾燥無味，但利潤豐厚的專業學術書，和銷售困難，但可確立他們崇高地位的文學書之間的平衡。今天他們的文學書籍部門雖然繼續在出版，但是其影響力已無法和十年前相比了。

這樣的結果不只失去了出版的多樣性，也失去了文化的多元性。類似例子，不只一端。

佛洛伊德與Coffe in the Rain

想跟大家介紹一段在書籍與網站間閱讀的經驗。不過，還是先從故事的原點說起吧……

+陳佳伶

佛洛伊德

高中時開始對佛洛伊德感興趣，起初是關於《夢的解析》。十六、七歲的世界，是聯考的壓力、青春的天真與敏感、對世界的好奇，和其他莫名的成分拼湊出來的圖像。我在那時認識了精神分析，和這一切的原點，夢與潛意識。佛洛伊德對夢的解釋使我恍然明白，原來人的腦子裡有一個深邃神祕的宇宙，叫做潛意識，特別是在黑夜裡，它藉著夢傳達微妙的訊息，解釋白天生活裡一些互為串連的活動，或是關於記憶不可溯及的童年，甚至從未有人涉足的神祕領域…而這一切，竟都有脈絡可循，都可以分析。我對心理學的好奇自此產生，一發不可收拾。

西方思想的源頭

對心理學的興趣給予我不同的思考角度，能更敏銳地觀察自己和別人，並懂得解讀人們言語動作中無意洩漏的內心。這可是佛洛伊德的大發現。雖然有時不免被我濫用成了所謂的「敏感」和「多慮」，但確也增加了許多思考的刺激和趣味。夢境以象徵的形式表達潛意識內容，時下流行的心理測驗便是以類似方法透視象徵物的意涵。上了大學後，我發現西方思想文學的源頭——聖經裡，上帝的話無處不是象徵，先知及耶穌的傳道亦常藉隱喻發聲；象徵更是詩的基本元素。

及至研究所，接觸完全不同的精神分析理論，也就是佛洛伊德之後精神分析學派轉移到治療之外的文化分析應用，我才瞭解，原來文化現象和人類心理一些主要徵象與因素實有密不可分的關係。文化演進越趨繁複，人對自我內在的瞭解與外在文化機制的修正就越形重要，挑戰也越大。

榮格的背影

同時我接觸了榮格（C. G. Jung）分析學派，進入一個潛意識之外更廣大的未知：集體無意識；它主宰著個人意識所不及的人類心靈源頭，並形成東西方不

+ 陳佳伶／網路世界與心靈宇宙的漫游者。

Exhibitors)，以及訪展者(Trade visitors)。這種變化，起初會覺得有些自相矛盾。

以電子媒體來說，參展的產品越來越專業化。舉個例子，任何進入數位媒體區域的人，不是去尋找教育軟體，就是去找法律資料庫，很少人會為一般泛泛的課題而尋找電子媒體。當然，與此相呼應的，就是許多專業出版者也推出越來越多的專業出版品。同樣地，像皮爾森（Pearson）、瓦特克魯爾（Wolter Kluwer）、里德（Reed）這些公司不斷重組為大型國際出版企業的過程，本身也說明了大家對專業出版的這一塊抱有多大的期望。

在這同時，我們在許多主流出版公司間卻看到一個正好相反的趨勢。過去這些出版公司總會把出版品區分出諸如藝術書，宗教書，青少年書等等類別。今天，越來越多的出版公司卻主張他們是「綜合性」出版，因而希望能夠樹起「主流」(Mainstream)出版者，或是所謂「叢書」（Trade Book）出版者的旗幟。

如果我的了解沒錯，那這也更呼應了前面那位出版公司主管所言。他所說的出版者之消失，不只發生在小說與詩的文學領域，也發生在所有其他出版領域。出版不再是個獨立的職業。就科技和專業書籍的領域而言，出版已經成為資訊媒體的一部份；就叢書的領域而言，出版又被吸納進另一個更大的媒体——娛樂媒体。

盧特漢的遺憾

我願意先談德國一個比較小而不起眼的例子，再擴大到國際的視野來說明這個過程。

在德國，一直到大約十年以前，盧特漢出版公司（Luchterhand Verlag）都被認為是當代文學書籍的一個領導性出版者。這家出版公司出版過諸如君特‧葛拉斯等當代許多重要作家的作品。這家出版公司的財務獨立，而他們之所以能有如此企圖心來進行一些長期的出版規劃，則是靠一些法律書籍的收入來挹注。他們的編委會由作者組成，以確保出版內容的自主。進入1990年代，德國的出版界出現結構性的改變，整個文化版圖也因而產生變化。盧特漢的專業書籍出版部門也賣給了國際性的出版公司瓦特克魯爾。剩下來的文學出版部門，因而開始走入一個不可知的未來，許多最重要的作家也開始逐漸流失。很矛盾的是：作者組成的編委會越是嚴格地堅持文學出版之不可妥協，越是沒法在文化形象和商業成績之間取得一個必要的平衡。這家出版公司的困頓，有助於我們了解很重要的一點：盧特漢所失去的，是原來的經營方程式，也就是他們在乾燥無味，但利潤豐厚

書籍不會消失，會消失的是獨立的出版人。

的專業學術書，和銷售困難，但可確立他們崇高地位的文學書之間的平衡。今天他們的文學書籍部門雖然繼續在出版，但是其影響力已無法和十年前相比了。

這樣的結果不只失去了出版的多樣性，也失去了文化的多元性。類似例子，不只一端。

1989年鐵幕倒掉之後，中歐及東歐國家出現了一股欣欣向榮的出版生機。以波蘭來說，新成立的出版社家數，以及某些書籍的起印數量，都達到顛峰。捷克一位流亡作家的小說，可以銷售三十萬冊。但是到了1990年代中期，好景不再，一波市場清場下來，剩下來的是新的專業走勢：一些出版公司證明，要成功，就得拿下出版產業裡一些銷售量中等，但是穩定的領域，譬如教科書和參考書。匈牙利的情況尤其明顯：在私有化浪潮中，原先社會主義機制下政府獨佔的一些出版社，紛紛賣給像瓦特克魯爾這種西歐的大出版企業。照顧當代重要匈牙利作家的重責，落在有心而無財力的小出版社身上，而銷售量則從1994年開始一路下滑。

大者恒大的發展

推動出版企業集團化的一個重要動力，在於增進效率，擴大收益。結果很明顯的是：自己本身的產出就可以獲利的部門或領域，往往就因而獨立出去。結果則對前面所說的利潤與文化的組合反而造成傷害。這種情形不僅發生在出版業，也發生在書店。

奧地利的自由（Libro）連鎖書店，向歐體投訴，要求終止德奧兩國跨國統一書價的政策。他們表示：他們的書種龐多，絕不會和一般傳統書店競爭。他們聲明絕不會成立書種一萬種以上的書店，相反地，他們要開書店，只選「週轉」迅速的兩千來種書。然而，他們沒有說出來的是：這樣一來，傳統書店就失去了兩千種支持他們可以陳列其他書籍的財源。同時，自由書店不斷採取擴張策略，吞併其他小型書店，也在維也納的鬧區開設結合書籍和媒體的超級書

店，直接挑戰現有的經銷商。

亞瑪遜及邦斯諾伯這些網路書店的興起，進一步使得競爭激烈。根據分析家的估計，在未來幾年之內，網路書店最少會搶走百分之七的營業額，當然，傳統的書店一定受害最深。

不過，就這些網路書店而言，這還不是最值得關切的，我們更要注意的是他們早就不光只是賣書，而是一路把CD、錄影帶、電腦軟体，以及其他消費產品也都包含了進去。這表示：在大家竭盡所能地爭取大眾注意的同時，已經把書籍帶進和電視、網路、CD-Rom等等其他媒体直接正面競爭的境地了。

對中小型出版者的期待，在出版史上有跡可循。

在這場「爭取消費者之戰」中，貝特斯曼總裁米德霍夫的說法最足以說明一個綜合性媒体集團的策略思考：「舉個例子，我們的音樂公司BMG在北京的紫禁城製作《杜蘭朵》歌劇，同時錄製CD；我們的電視子公司拍攝成影片；我們的《星》周刊做報導；我們再透過網路和會員來賣CD。」

國際企業要擁有這種規模的能量，需要花下大筆的鈔票。而根據分析，到2000年的時候，美國出版市場有百分之九十三會控制在前二十名出版公司手裡。在專業出版，尤其是醫藥和科學的領域，情況會更激烈。美國市場的百分之九十，會被前三名出版公司所掌控，而且其中沒有一家是美國本土公司。

法國出版市場，百分之五十到六十是控制在兩大集團中，哈瓦士（Havas）和華榭（Hachette）。德國的情況則要分散許多。百分之九十的市場分散在一百家出版公司手裡，前十名最大的出版公司只掌控了百分之二十五左右的市場。

貝特斯曼這種新生的鉅型企業雖然指出了一個「沒有疆界與極限的世界」，不過觀察家還是另有預測：「大企業，沒有創意。」大企業著重的是「折扣戰」，而不是真正有力的作品原稿。其結果，不光是拉高了業績，也升高了作者、出版者，以及讀者之間的可能衝突。作家經紀人因而有了介入的空間，一面對抗一味追求利潤的出版公司，一面搏得捍衛作家權益的美名。然而，經紀人在為作家爭取到節節升高的版稅預付款的同時，其實也扼殺了許多品質出眾，但是財力不足的中型出版公司的生機。

出版企業採取這種擴張的策略，再加上追求經營與科技效率，結果使得個別出版品的重要性日益不彰。「今天的重點不在書，而在著作權。」一位不願具名的人士這麼說。在數位型態下，各種媒體之間可以自由對話與轉換表現方式，著作權也就可以在全球傳播、交換。在這種過程中，書籍頂多是一種仲介工具，而越來越不是一種關鍵而領先的媒體。

不悲觀的結論

這些趨勢，究竟對出版有什麼意義？

也許，我們要進入的未來，並不是一個書籍會消失的未來，而是獨立的出版人和出版公司會消失的未來。遲早，中小型出版公司只能保留一些要賺錢，只能是例外，或者難以持久的出版品。

歐體（EC）的反壟斷委員會主任，曾經建議未來無法靠市場養活的「好書」，應該有些補貼。但是看歐洲農業政策的經驗，就可以知道這樣做的後果。問題不在要花多少錢來做這種補貼。問題在於農夫都貶低為「田間守護者」的角色，只能靠納稅人的鈔票而不是他們自己努力的成果而維生。同理，這類補貼也將使得優良的書籍或其他文化產品成為瀕臨絕種的族類，只能靠一些人為的保護存活下去。

儘管如此，我並不想為這篇書籍市場的趨勢分析，落下一個悲觀的結論。畢竟，我已經指出了一點：我們身在其中的這個行業，正在經歷一場動能強大的轉換，儘管過程中不免翻騰的亂流。書籍，就一個媒體，或者就盎格魯撒遜世界所歸納的「出版產業」來說，並沒有存滅的危機。

順便一提，在媒體的發展史裡，從沒有過一個新生的媒體會徹底取代先前已經使用得非常趁手的媒體。書面印刷沒有取代人際的直接談話；電話沒有取代書寫；收音機沒有取代報紙；電視也沒有取代電影。一直在變化的，只是先前那個媒體的影響力，以及文化性格。

我覺得，以上所有描述的這些變化，只是清楚地告訴我們：作為一種媒體，書籍的角色越來越受其文化角色之轉變的影響。透過全球化的商業機制，書籍越來越失去其文化元素的成分，而越來越像一個商品，在「內容市場」上面對其他媒體產品的競爭。

然而，我不相信書籍因為內容受限於必須盈利，必須暢銷，就因而失去生命力。我所希望的，是出版者根據綜合的計算評估，以暢銷的書籍來支持那些難以銷售，但別有視野的書種。做這種綜合的計算評估，本來就是出版工作的特質。然而，一個負責的出版者要採取這樣的決定來說服投資者的利益，一定要對書籍的文化潛能抱有毫不動搖的使命。

我也希望，如同出版史上屢見不鮮，在草根中，在中小型出版者中，會有新一代有志奉獻給出版的人士出現，踏上繽紛的、特立獨行的、邊緣的、困難的、美妙的、大家所渴望的、富有創意的，但就是不太可能是以賺錢為目的的路途。

（本文摘錄整理於衛浩世在2001年2月台北書展的演講稿。）

■

佛洛伊德與Coffe in the Rain

想跟大家介紹一段在書籍與網站間閱讀的經驗。不過，還是先
從故事的原點說起吧⋯⋯

＋陳佳伶

佛洛伊德

ImageBank

高中時開始對佛洛伊德感興趣，起初是關於《夢的解析》。十六、七歲的世界，是聯考的壓力、青春的天真與敏感、對世界的好奇，和其他莫名的成分拼湊出來的圖像。我在那時認識了精神分析，和這一切的原點，夢與潛意識。佛洛伊德對夢的解釋使我恍然明白，原來人的腦子裡有一個深邃神祕的宇宙，叫做潛意識，特別是在黑夜裡，它藉著夢傳達微妙的訊息，解釋白天生活裡一些互為串連的活動，或是關於記憶不可溯及的童年，甚至從未有人涉足的神祕領域⋯而這一切，竟都有脈絡可循，都可以分析。我對心理學的好奇自此產生，一發不可收拾。

西方思想的源頭

對心理學的興趣給予我不同的思考角度，能更敏銳地觀察自己和別人，並懂得解讀人們言語動作中無意洩漏的內心。這可是佛洛伊德的大發現。雖然有時不免被我濫用成了所謂的「敏感」和「多慮」，但確也

增加了許多思考的刺激和趣味。夢境以象徵的形式表達潛意識內容，時下流行的心理測驗便是以類似方法透視象徵物的意涵。上了大學後，我發現西方思想文學的源頭——聖經裡，上帝的話無處不是象徵，先知及耶穌的傳道亦常藉隱喻發聲；象徵更是詩的基本元素。

及至研究所，接觸完全不同的精神分析理論，也就是佛洛伊德之後精神分析學派轉移到治療之外的文化分析應用，我才瞭解，原來文化現象和人類心理一些主要徵象與因素實有密不可分的關係。文化演進越趨繁複，人對自我內在的瞭解與外在文化機制的修正就越形重要，挑戰也越大。

榮格的背影

同時我接觸了榮格（C. G. Jung）分析學派，進入一個潛意識之外更廣大的未知：集體無意識；它主宰著個人意識所不及的人類心靈源頭，並形成東西方不

+ 陳佳伶／網路世界與心靈宇宙的漫游者。

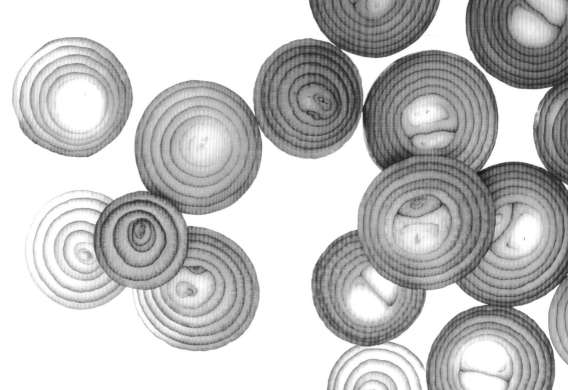

同的文化累積。榮格的學說雖披上一層超自然和宗教色彩，卻是開啓通往心靈和宇宙意識的一扇雄偉的大門。在《榮格自傳——夢·回憶·省思裡》，他詳述自己由童年時期起對超自然和心靈現象的關注，及與佛洛伊德分道揚鑣的原委，讓我們瞭解他在理性邏輯之外所探及的奧秘，看到這位反叛者其實背駄極龐大的重負，必須獨行於他所發現的新道路。《榮格心靈地圖》將榮格的主要理論，包括人格原形、心靈能量、個體化、時間和宇宙……等做了提綱挈領的闡述。

innerself.com網站與我

研究心理學最大的樂趣還是在於探索自我內在和成長經驗的那份刺激。希臘帕德嫩神殿上有句古諺：「瞭解你自己」。一個人一生最難的功課莫過於此，而往內在的探索卻是無止境的。

生命的好處與難處就在：通常它給你阻礙，是挑選你不得不停頓下來，好好面對自己的時刻，於是人照理說不會被挫折擊倒，只有更堅強地再站起來。

我遇上www.innerself.com，正是在生命渾沌的時刻，而且大約是在某個夜裡，一個不須讀書也無心休息的晚上。

深夜的瀏覽器帶我進入一個個新鮮的世界，由各色思想堆砌起來的奇妙宮殿。我將滑鼠點進搜尋引擎yahoo.com，尋找某個心理學或非心理學的詞彙，但是總之我在搜尋結果上看到innerself這個字（這當然是我長期對內在世界的「執迷」所致），於是二話不說一頭栽進去，眼前琳瑯滿目的陣仗，各種待你青睞的主題文章，仿若置身大型購物中心一般。

仔細一看，網站內共分七大主題：健康、親子、星座、創造現實、人際關係、性、政治，每個主題之下有三十多篇文章，總共有3000多篇文章。網站設檢索功能，並連結多個同類網站，也發行免費的電子報。我隨意點選幾篇，感覺文章觀點十分新鮮而受用，於是立即訂閱。網站有幾個駐站作家專欄，我發現呈現新穎的觀點，去除人們錯誤的思考習慣，與促進自我內在的成長，是innerself.com最大的特色。

訂閱電子報之後，我漸漸習慣每天閱讀一篇文章，就這樣從對心理學的喜好擴大為對自我和世界的探索，成為更生活化與人際傾向的關注。

站上每篇文章都附作者簡介，文章出處（書名），以及作者網站，聯絡方式，並和 www.amazon.com連結，方便讀者購書。這給了我進一步瞭解思想出處

的管道。於是，當我對作者的觀點不甚瞭解時，我可以上作者網站或是寫信詢問。甚至當我因為生活上、思想上的困頓而無計失措時，我可以寫信給幾位欣賞的作家，往往能得到真誠的回應，因而更快走出自己憂愁的圍城。

Innerself.com 已經成為我生活的一部分，它激勵我更認真地生活，更貼近自己的心靈世界，並習慣用更有創意而開放的態度看待生命。

午休的 coffeeintherain

在業務繁忙的公司裡忙了一個早上，午飯後大腦血液不足，總覺得疲憊，昏昏欲睡，特別是下午一、兩點的「必殺」時刻。這時，不妨將步調稍微緩和下來，漫步於《雨中咖啡館》www.coffeeintherain.com 吧。

是在一個典型的上班午後時段，在檢索中意外發現這個網站，它是附屬於 U-inspire 網站（意味「你來啟發」。www.uinspire.com）之下的電子報系統。u-inspire 的內容以文字創作為主，收錄有激勵性的短句、詩、故事、散文、名言，以提供新的思考角度，分享宗教信念的心靈成長良方為主要特色。網站依文字類別分類，提供依人名或篇名的分類檢索功能。這是個鼓勵你分享的網站，文章任你轉寄給朋友，由「你」來激發思考，只要不涉及營利行為。

因為美觀的畫面和精緻的文字，我立即訂閱這份電子報，結果發現「送報」的時間是每天下午兩點，正是我與倦意搏鬥的關鍵時刻。所以，它每日捎來的新訊息就是拯救我於精神萎靡邊緣的救星！特別的是，我發現每天電子報的內容，常常帶給我當天需要的啟示，不管是對同仁、上司、工作壓力、家庭關係、朋友……因而我也相信，只要能對一項好的事物保持信心，它就不會令你失望。我每天期待著兩點的午後咖啡，不管是否下雨，心中都覺無比清涼。

這兩個網站現在是我生活中不可缺少的部分，每天帶給我耳目一新的訊息。而且有一個共同點，就是完全免費而且定時更新，從不缺席；它們都是網路另一端朋友精心提供的心靈補給品，為了幫助更多人成長，讀懂心靈的課題。所以，我真誠地推薦給對內在世界好奇的你，希望你也讓更多的人一同分享！ ■

榮格心靈地圖 Jung's Map of the Soul
作者：莫瑞‧史坦（Murry Stein）
出版：立緒出版社，1999
這本書是瞭解榮格分析心理學派最佳的入門書。內容介紹榮格最重要的幾項理論，包括集體無意識、人格原型、心靈能量（亞里比多理論）、深層內在（阿尼瑪與阿尼姆斯）、本我、個體化、時間與永恆（同時性和宇宙論）。

榮格自傳——回憶‧夢‧省思
Memories, Dreams, Reflections
作者：莫瑞‧史坦（Murry Stein）
出版：立緒出版社，1999
就如榮格本人所說，他的一生是一個潛意識充分發揮的故事。書中大師追溯一生遙遠、奇異，但鉅細靡遺的記憶，使我們看見他在潛意識裡發現的另一個宇宙，聽他娓娓述說各理論的原由，而讓我們對內在心靈世界更為謙卑。

夢的解析 Interpretation of Dreams
作者：佛洛伊德（Freud）
出版：貓頭鷹出版社，1999
本書是佛洛伊德精神分析最重要的原典，是第一本有系統地分析夢，提出潛意識概念的劃時代研究。他分析夢的材料、夢的運作（凝縮與轉移）與夢程序的心理，提出性對於夢境的重要性，從此奠定性在精神分析中的關鍵地位。

www.innerself.com
這是一個充分提供訊息的互動式網站。從訂閱電子報開始，你的生活會開始不同：每天加入一點新鮮的觀念，讓你瞭解自我內在、生活和人際感情更豐富的面向，發現無形的心靈世界原來如此廣大，進而更體會生命的樂趣和奧秘。

www.coffeeintherain.com
www.uinspire.com
這是個文字創作的網站，但並非文學，而是激勵你心靈的文字。詩、短文、故事、名句……不同形式的文字每天準點送到你的信箱，是你一天之中休憩的時點，讓心靈輕鬆翱翔。但重點是，接下來U inspire-由你來激勵，分享給別人囉！

其實是個數學遊戲 +黃 輝

在網際網路已如此發達的現在,當你發現親朋好友都有e-mail信箱,當網路討論區與聊天室成千上萬後,天涯若比鄰,甚至是每天都見面的人也可以在網路上見面,一些平常當面不談的話題都可以拿來論述一番,其中有一類是提供一些益智的腦力激盪或是祕訣技巧的問題。就因為太方便了,隨意勾選幾個人名或是將之組合成一群組,就可以一次送出,就像幸運信一般擴展,所以話題也就更多了。

最近網路上流傳著一個在21世紀前關於年齡的小祕密的遊戲——「好玩呦~~太神奇了!傑克」。這個遊戲是這樣的,如果你還沒有玩過,不妨照順序玩一次,不過要注意,由於這個遊戲必須在2000年玩,所以玩的時候要把今年當作2000年:

[1] 首先,挑一個數字(0 - 7),表示每個禮拜想出去走走的次數

[2] 把這個數字乘上2

[3] 然後加上5

[4] 再乘以50

[5] 如果你今年(2000年)的生日已經過了,把得到的數目加上1750,如果還沒過,加1749

[6] 最後一個步驟,用這個數目減去你出生的那一年(公元的年份)

現在你會有一個三位數的數字,得到的結果是:

第一個位數是你一開始選擇的數目(也就是每個星期你希望出去走走的次數),接下來的二個位數就是你的年齡,(不要不承認)真的就是如此,這個遊戲只有在2000年有效,所以mail所有你認識的人吧。

這個遊戲會唬到很多人,現在我們來解析為什麼會這麼巧呢?電腦不是神仙,這其實只是個數學遊戲。

根據操作指令可以列出計算式子是:

假設X是你心中所默想的0-7的數字,則三位數字

$$= (X * 2 + 5) * 50 + 1750 \text{ (或 1749) - 公元生日年份}$$

$$= 100 * X + 2000 \text{ (或 1999) - 公元生日年份}$$

事實上 [2000 (或 1999) - 公元生日年份] 當然會是你的年紀,而100 * X 將讓你心中所默想的數字X進位到百位數字,所以當然會有看起來很神奇的結果。

這個運算唯一的缺陷是無法適用於年紀大於或等於100歲的人,因為年紀部分會進位到百位而產生X的差異。

了解其中緣由後,不難據以改編出各式變化形,例如改成乘上4,然後加上10,再乘以25,加上1751(或1750),最後減掉你出生的那一年;這樣就將原來的題目調整到可適用於2001年了;現在要不要試著動動腦,如何能將此問題改成不用公元而變成以民國來計算;或者你可以據以製作一個問題,套出別人心中的祕密數字? ■

+ 黃 輝/資訊工作者。

網路史學的觀察

「史」本來就是「書寫」之意，故史法又稱書法。錄音錄影技術發明後，「口述歷史」和「影視史學」興起。網路出現，史學顯然也出現了一個新型態新領域，那就是「網路史學」。

＋龔鵬程

去年總統大選，為我國歷史上的大事。選戰結束後，國民黨政權告終，網路上便出現了不少關於應如何修史的討論。底下是一項民國史應如何記述的擬例：

國民黨王朝在「中華民國」史上，共五帝，凡八十九年。

孫高祖 文：大半輩子都在搞革命，建立「中華民國」，是謂「高祖」，當之無愧。歷朝歷代皆是如此，建國者為祖。

蔣武帝 介石：繼位後，大半輩子都在打戰，故曰「武帝」（意見：依照《史記》中的諡法：武字有武功鼎盛但又窮兵黷武之意，所以這個武字當之有愧，因為蔣介石把整個大陸弄丟了。不過另外有一個諡號不錯，就是襄字。因為襄字就是單純的窮兵黷武而且毫無建樹，蠻適合的）。

蔣文帝 經國：推行十項建設、解除黨禁與戒嚴令，堪稱「文帝」（意見：依照《史記》中的諡法，文字為文治，武字為武功。不過一般而言，文治通常會在武功之前，因為沒有先文治，儲備國力，哪有錢給後面的人來武功？武功是很花錢的。所以身為一個收爛攤的，不但收得好，而且還要使人民小康，可稱為宣，宣為中興之意）。

李獻帝 登輝：任內完成政權和平移轉，「獻帝」當之無愧（意見：依照《史記》中的諡法，獻是送亡國者用的，例如漢獻帝。但是像李登輝這樣放縱宦官當政、使用情治單位，蠻像明朝的萬曆皇，所以當一個神字當無愧。神乃自以為是聖人再世，實際是一敗塗地之意）。

連哀帝 戰：原以為可兼任總統與黨主席，但一接黨主席就被貶為庶民，故曰「哀帝」。（意見：依照《史記》中的諡法，哀是本身無德，有賢人又不知任用，就讓他鬱卒而死。如魯哀公，明明有仲尼生知之而不用，死而後悔。個人覺得用一個惠字比較恰當。因為惠是寓意於貶，無德而又不知民間疾苦者，如晉惠帝，就是那個有名的「天荒無糧，沒飯吃；為什麼不去吃肉」的皇帝。）

這是有關敘述歷史的「史例」討論，還有些則逕行撰史。例如本屆總統大選之後，網路上刊載了這樣一則「歷史記載」：

輝祖帝有二嫡子，長子戰、次子瑜。瑜戰功彪炳，力排前朝遺老，助輝祖登帝位。帝封其食邑廣矣！然功高震主，帝憂之。遂立戰為太子，收瑜之封邑、釋其兵權，使無立足地也。瑜出走，聯其舊部，欲起。帝恐之，見戰弱，不足以抗，遂尋在野庶子扁，令翰林院哲大夫助之。扁原封邑於北，忤逆帝，貶為庶民。其封邑為庶子九有。然南方擁之，其舊屬

＋ 龔鵬程／佛光大學校長

勢力廣矣，足以抗瑜。戰雖式微，餘有號召，帝以散瑜之力也。於是乎扁登高一呼，假帝之力敗瑜。遂即位，號扁宗。【作者：june_openfind@address.com(june) 標題：《台灣現代史》，時間：OpenFind網路論壇 (Wed Mar 29 13:49:22 2000)】

這則記載，文字雖然略有瑕疵（如「嫡子」不可能有二人），但基本上是符合史例史法的。它完全模仿歷代正史，而自稱是《民史·扁本紀》。網路上張貼後，才幾個小時，便有「宋楚瑜之友會小瑜工坊義守分會」（http://www.uneed.com.tw/club/）回應，將它改成以下這個樣子：

蘇志揚攝影

輝祖帝有二嫡子，長子戰、次子瑜。瑜戰功彪炳，力排前朝遺老，助輝祖登帝位。帝封其食邑廣矣！然功高震主，帝憂之。遂立戰為太子，收瑜之封邑、釋其兵權，使無立足地也。瑜出走，聯其舊部，欲起。帝恐之，見戰弱，不足以抗，遂暗尋在野庶子扁，令翰林院哲大夫助之。扁原封邑於北都，因遭民變，其封邑為庶子九代之，乃依附南方諸郡，其舊屬勢盛，擁之，竟足以抗瑜。戰雖式微，餘有號召，帝以散瑜之力也。於是乎扁登高一呼，假帝之力敗瑜。即九五尊位，號扁宗。【作者：yuping.bbs@chang2.ee.ncku.edu.tw（讓世界因愛而發光），標題：《稗官野史》，時間：陽光椰林BBS站（Wed Mar 29 20:04:54 2000)】。

林志騏攝影

修改的文字不太多，但改動中即具史筆褒貶之

徐欽敏攝影

意，例如「『暗』尋在野庶子扁」，指明李登輝暗助陳水扁；「扁原封邑於北『都』」，也較明確；以「因遭民變」代替「忤逆帝」，來說明其市長敗選是遭選民唾棄，而非不獲李登輝歡心，故其下云其封邑非為馬英九「有」，而是被馬「代之」，亦可見史筆。又，說陳水扁「依附南方諸郡」「『竟』足以抗瑜」，皆具貶義。

可是，正因為貶了陳水扁，大概引起扁迷不滿，幾小時後，網路上又貼了修訂史書一則，曰：

輝祖帝有二嫡子，長子戰、次子瑜。瑜戰功彪炳，力排前朝遺老，助輝祖登帝位。帝封其食邑廣矣！然次子恃功而驕，目無長序倫常，欲取兄而代之。遂行收攬民心，民脂民膏賄地方名紳土霸，故作清高以沽名釣譽，以國家之器收為私之名。復藉百姓之愚及其之作戲，逢天災地禍，必疾呼今上枉顧民意！實為欲以天怒人怨為反叛之由。其城府之深、野心之大，天地可鑑。帝舊部紛紛歸順扁，加翰林院大夫哲助之，終奪九五尊位，號扁宗。

【作者：Lopin.bbs@firebird.cs.ccu.edu.tw（親愛的是個大眼睛），標題：《新民史·扁本紀》，時間：中正大學四百年來第一站 (Wed Mar 29 23:02:29 2000)】。

這一則加了一大段話罵宋楚瑜，又加了一大段話捧陳水扁，一副陳水扁即位是順天應人、理所當然的樣子。這幾篇「史記」，可以讓我們看出什麼訊息呢？

一、選舉時的立場對立，顯然不因為選畢而告結

束。選戰結束了，另一個戰場，也就是對這場戰役的歷史敘述權及解釋權之爭，才開始啓釁。歷史上，一個政權打敗了另一個政權後，除了清理戰場之外，也必然要開始進行修史的工作，爲自己和被它打敗的人確立一個定位。可是前朝遺老或隱居在山林野澤中的不滿於新政權者，也抱著「老子打不過你，在紙上罵你龜兒子」的原則，在歷史敘述上另闢戰場，私人撰述，藏諸名山，傳於後世。以上第一、第二則網站，號稱「民史」，即屬此類。第三則倒近於官修史書了。無論如何，這種修史的行爲，本身貌似諧戲，實與歷代政權更替之際頗有可以合觀併論之處，不容忽視。

二、歷史敘述，從來就不是客觀的。近代史學，以科學方法、客觀研究爲標幟，仰賴史料。頂多只承認歷史解釋有主觀性，但認爲只要研究者能去除本身主觀的偏見，人人就都能依客觀之資料做出客觀的詮釋與判斷。殊不知材料本身就出於主觀。同一件事，成王敗寇，概由敘述者之不同立場，而呈現完全不同之價值差異。以今觀昔，更能明白古代史書記載之眞相，也可以破現代史學界客觀史料觀之迷思。當代史學中新歷史主義曾強調歷史就是書寫，網路史記，尤能印證這個道理。

三、這些歷史書寫，不論立場爲何，全都採用了過去史書的體例及筆法。以李登輝爲帝、以彼與其接班人爲父子關係、以選舉得來的行政區域爲帝王賜封的采邑，這固然是「諧擬」的效果，但更深一層看，豈不說明了：號稱已民主化的台灣、號稱民主先生的李登輝，其政治實質，仍不脫君主政治之運作模式？或者，民眾看待這些政治人物之興衰起伏，心理仍與看古代帝王政治相同。以上兩者，必居其一或兩者均是。而這一種類似小孩看破國王其實沒穿衣服的效果，恐怕也反而妙契台灣民主政治之眞相實相，比一般蛋頭學者、御用文人之高論宏論貼切得多。

四、古史之寫作，權在史官。春秋戰國以後，王官失守，學在民間，唯有史官仍爲官守，司馬遷自謂其家「世掌天官」者是也。司馬遷的《史記》也因此不能視爲民間自撰之史書。後來班固父子私修《漢書》，差點獲罪，更可見史書編撰之權在當時尚未下放至民間。可是《漢書》以私修之史，終獲朝廷承認，對民間修史的事，形成了變相的鼓勵和默許。故隨後民間修史之風大盛，記後漢史事者即有十餘家，史學乃大興，脫離經學，自成乙部。但經過魏晉南北朝之後，「國史」的觀念又興起了，一代之史，多由國家開立史局，召員編修。以致所謂「正史」大抵均屬官修之史。現在我國仍有國史館之設，延續這個傳統。不過，民間修史的傳統，也並不因此而斬絕，「野史」不僅存在巷議街談、筆記小說中，也仍有不少民間有心人士在編撰史著。近數十年來，更有如劉紹唐主持《傳記文學》月刊，自號「野史館」的例子。如今劉老故世矣，傳記文學，野史稗官，則不僅可見諸《傳記文學》，更可以在網路上發展，豈不是很值得注意的事嗎？

五、民間修撰，稗官野史，當然不會像官修史書那麼「嚴謹」，也就不會那麼呆板無趣，讀起來是很好玩的。無論政治立場爲何，讀此民史，大概都會莞爾一笑。因此，書寫或閱讀此類民史，也是紓解政治壓力的一種方法，情況就跟高壓統治的社會中流行政治笑話揶揄專政者一樣。其政治功能正在它的諧謔、仿擬、角色編排之中。

六、民間修史，觀點當然不會像官修史書，要定於一尊；它必然是各說各話，而且充分衍申、異變的。古代稗官野史，常稱爲「演義」，即肇因於此。但書寫本身是單線的，印刷品能容納的衍申變異也很有限，唯有網路可以充分發揮這種特點。網路史學的性質與發展，勢必成爲新的史學研究熱門話題。　　■

THE ROAD TO UBAR
FINDINGTHE ATLANTIS OF THE SANDS

尋找烏巴
──沙漠下的亞特蘭提斯

作者：尼可拉斯・克萊普（Nicholas Clapp）
譯者：麥慧芬

出版：馬可孛羅

打從阿拉伯發現石油以後，它就成為列強爭奪資源的火藥庫。為了讓列強的侵略具有正當性，阿拉伯文明被污名化，成為落後、野蠻、恐怖分子、宗教狂熱分子、非理性的集中地。世界早已遺忘它有最古老的文明，以及由古代商隊形成的全球貿易。傳說中的古城烏巴，就是古文明的見證。本書作者以精彩的文筆，記錄了這個迷失了四千年的古城，如何由《天方夜譚》中的傳說，經由不斷追蹤，結合最新科技，成為考古學傳奇的經過。這是一本探險佳作。

布魯賽爾的浮木

作者：陳昇

出版：圓神出版

這些年，喜歡把自己的旅行稱之為流浪的人不多了。為了記錄下這等不凡的際遇與勇氣，有人帶相機，有人用筆，有的人用歌。愛聽陳昇歌的人，喜歡他心情告白式的唱腔，即使是閱讀他的文字及影像，還是覺得沙啞磁性的嗓音在耳邊低吟唱，你聽見的是一段流浪的故事和一個男人的囈語。

旅人

作者：胡晴舫
出版：新新聞

某些人旅行最大尷尬，就是當別人拿一些眾所周知的地方考你的時候，你不知該如何作答，彷彿你不知道就是白去了。對於這些人而言，旅行的次數頻繁到成了生活的一部分，旅行這件事就只是劃破疆界的遷移，是一種狀態。當所有的名勝古蹟在書上都看得見，所有的精品特產在各處都買得到，旅行，是為了脫離已經對日常生活不為所動的軌道，給自己一個新的思考空間，「它證明了你所存在的世界不是唯一的世界。你的觀點不是唯一的觀點。你自以為是的道德標準不是放諸四海皆準的。而你一直安心倚靠的知識其實是可憐而狹隘的。」

古往今來道民居

作者：王其鈞
出版：大地地理

在導演阿巴斯的電影裡，沿著山壁層層搭連的伊朗山城常是觀眾難以忘懷的景觀。你必須穿過誰家的前院或中庭，爬上某段像是通到別人屋家屋頂的狹小階梯，再越過一個人群集聚的廣場，等於城裡的每個人打過招呼後，才能回到家中。《古往今來道民居》給人的驚異也是如此。對於一個地域的建築景觀印象，唯有透過市井之民的宅居，才能真正窺見一個民族的生活機制與創意。福建具神話魅力的環形土樓、黃土高原古樸壯闊的窯洞、精巧雅緻的太湖民居……本書作者長期投入中國傳統民間建築調查，閱讀本書，不但能了解中國民居的形式與演變，對中國民居建築美學會有不可思議之讚嘆。

天母水管路古道

作者：中華民國荒野保護協會編
出版：貓頭鷹

愛爬山的人一定知道台北盆地上有許多漂亮的步道，陽明山是一個最重要的群落。它可以由內湖一帶上山，也可以由天母、北投、金山上去。爬山的人愈來愈多，但真正了解山、愛山、可以和山林中的花草樹木、蟲魚鳥獸對話、並且細細去品嘗的人卻不多。這一本書就是在描寫由天母古道至陽明山的一條步道中，沿途所見的這一切。

當然各種植物誌、昆蟲誌也可以找到相關資料，但像這樣集中而深情的描寫一條小路，一株小草，一隻小蟲，卻正是它動人的地方。

VAN LOON GEOGRAPHY

發現地球的故事
──房龍的地理書

作者：亨德里克・威廉・房龍（Van Loon）
翻譯：李銘輝、趙紹隸、黃其祥
出版：楊智出版社

很多傳統地理書，讓人不忍卒讀。但絕不會是房龍的地理書。這本書在編排上相當用心，作者親手繪製的地圖，可讀性也很高，算是一本好看的地理工具書。尤其，當國內開始流行深度旅遊之際，可作為旅行途中的知識夥辦。本書雖問世於一九三二年，若干資料不及修訂，但這些問題可能只有學院派或世界年鑑才會去計較，在作者所陳述的各種地理事實底下，變得並不重要。

不要小看你的狂熱
Beware the Illusion of Invulnerability

《時間地圖》的作者，花了近二十年時間研究說服的心理。他特別感興趣的題材，是人的意志何以被操控去做他們從不認為自己可能做的事，之後卻又後悔不已。他的結論是：不要高估你的定力，不要小看你的狂熱。

＋勞勃・勒范恩 Robert Levine

為了探索說服的心理，我研究的範圍很廣：面談對象包括從廣告公司主管和推銷員這類專業人士，到小販和騙徒，以及他們的受害者。我研究商業及社會科學文獻，自己進行實驗，甚至找了份賣二手車的工作，還挨家挨戶推銷刀具。不過這所有之中使我收穫最多的一個團體，是宗教狂熱分子。

起初我會對狂熱分子感興趣，是因為他們看起來十分異常。我期待能看到最有天賦的催眠者（領袖），以及最盲信的徒眾（他們的信徒）。我可能會目睹他們施行洗腦的過程。但我錯了，完全錯誤。

領導者與推銷員

先這麼說吧，不管是宗教領袖還是信徒似乎並不具備某種特定的人格型態。領導者有人口若懸河，能量超強，是天生的演說家，也有人只是個平淡無奇的男人（對了，幾乎都是男人）；有些宗教領導者是真誠地相信他們能拯救這個世界；也有些只像個權慾或者性慾薰心的精神病患一樣。但他們有個共通點，就是：全部都是一流的推銷員。

而針對信徒型態來看，研究者更是難以找到單一的人格類型。事實上宗教偶像崇拜者的基本模型是一種令人混淆的平凡正常類型。有位專家做過一個三千人以上的訪查研究，結果發現這些人大約三分之二以上家庭背景都相當正常，家庭的心理功能亦十分良好，他們在加入組織前的行為也都合乎年齡的需求。只有百分之五至六的人在加入組織之前有嚴重的心理失序狀況。大部分成員都來自中產階級家庭，且受過良好教育。

如果你仔細想想，其實這個現象並不如乍聽之下那麼難以置信。畢竟，爭取心態怪異和不穩定的人加入，對宗教團體並沒有好處。通常宗教團體一定都會尋找有能力籌募經費、招募會員，並能負責經營宗教所屬事業或能主持宗教性集會的人。也就是說，宗教崇拜團體的理想成員，和一般行銷機構及企業管理研究所想要招攬的人才是一樣的：有魅力、有生產力、聰明、精力旺盛，並且願意投入工作的人。

不過如果這些人跟我們其他的人看起來都差不多，那麼他們經常有的奇異，有時甚至近乎病態的行為又如何解釋？哈，你說，他們一定是被洗腦了。但是很抱歉，這個簡單的解釋還不夠。事實上，當代研究心理控制的學者，非常質疑有關洗腦這個概念。「洗腦」這個詞最早在1951年由記者愛德華・杭特所發

＋ 勞勃・勒范恩／《時間地圖》作者，也是美國加州州立大學的心理學教授。這篇文章是本刊特別向他邀稿。

明，用來描述毛澤東共產黨的思想改造計畫。杭特的翻譯員解釋道，中文詞彙裡所謂清除一個人先前的信仰，叫做洗腦（hse nao），直接翻譯爲洗腦，或是淨化心靈。從那時起我們就用這個複合詞描述極權統治的、催眠式的思想控制，通常爲政權透過連續性地控制、折磨、身體侵害和威脅的手段來達成。我們現在相信這個過程會使受害者喪失堅持意志的能力，使他們的大腦一片空白，接受控制者的任意擺布。這是一般認爲思想控制的極端情況。

然而，相對於大眾媒體定義的這個形象，事實上脅迫性的洗腦到後來效果漸失。科學研究顯示：洗腦的結果基本上只造成認知混亂，並且導致公眾同謀——例如簽署自白書或是揚棄政府，但最顯著卻效果短暫的，是態度上的轉變。

事實上，宗教狂熱有時也利用大眾對洗腦的錯誤理解暗渡陳倉，例如月光教派，這個團體被認爲是當代受害於洗腦威力的最佳範例。媒體披露月光教派的成員被不爲人知的、催眠似的，甚至如撒旦般邪惡的思想控制計畫馴服得有如失去判斷的弱智者。不過倘若你跟月光教派的成員談話，你會發現事情根本就是南轅北轍。他們幾乎一概否認他們會改變信仰跟任何強迫性的洗腦或力量有關。媒體或局外人斥責團員是被洗腦的時候，往往只造成反效果。

病態狀況下的正常人

但是如果教派領導人不會施法術，信徒也不是病態的笨蛋，而且根本沒有人被洗腦，那麼，宗教崇拜的魔力究竟來自何方？我研究越多這些狂熱團體，我就越相信答案其實平凡得離譜：宗教崇拜之所以吸引人——和你我一樣的普通人，是因爲他們剛好走到生命裡亟需要幫助的關口。可能成爲宗教狂熱分子的人通常正在某種過渡期——例如剛剛從學校畢業，剛從

家裡出外獨立，也許剛到一個新的城市，或是剛才結束一段感情。宗教領導人就像任何一位優秀的推銷員一樣，他拿了一個似乎能滿足你需求的產品在你的眼前晃盪——也許是一個大家庭的懷抱，或是一個更能使你的生命充實的宗教，或者，通常是似乎能對世界做出一些眞正貢獻的機會。教團領導者用逐漸增強的

洗腦（hse nao）一詞，因毛澤東而起。

基本心理學手法將這些人吸收進來——基本上和其他任何團體或推銷員所用的影響和說服技巧並沒有兩樣。這整個過程的形式是絕對正常的，但其中的內容才是使崇拜變成病態行爲的關鍵。

然而，如果這是眞的，那麼表示幾乎我們每一個人在生命裡某些脆弱的時刻，都有可能成爲宗教崇拜的一分子。你只要在錯的地方和錯的時間裡遇到錯誤的人，他正好知道你可以被說服去做某件事的話。很

多人覺得這個論點難以接受。畢竟我，一個絕對正常的人，怎麼可能被基本的心理推銷技巧就收買，而完全失去了理智呢？

如果你是那些對自己性格的堅強度深信不移的人，那麼我有一個小建議：去找黛博拉·雷頓的書來讀吧：《誘惑之毒：鍾士鎮唯一生還者敘述人民聖堂死亡事件》，（Anchor 出版公司，1998年）。1978年南美蓋亞那的鍾士鎮有918個人在宗教領袖鍾士的引導下，順從地，甚至有些是狂熱地，排隊喝下氰化物的冰飲，然後乖乖地照順序躺好死去。如果你認為鍾士鎮事件只會發生在那些怪異的，某種特殊病態因素的人身上，黛博拉的故事就眞的太熟悉，也太嚇人了。

簡短地說，黛博拉的故事是這樣的：她成長於加州柏克萊的富裕家庭，父母都是受過高等教育，成熟，正派，有正常社會意識的人。黛博拉從小就很叛逆，時常惹麻煩。她的父母送她去英國的一所寄宿學校就讀，希望她的行為能變好。在這段期間她的哥哥賴瑞·雷頓參加了人民聖堂，他鼓勵黛博拉參觀他們的聚會所，並在她十七歲那年有次回家度假的時候，邀請她去拜訪吉姆·鍾士，那是她第一次見到鍾士。吉姆加足火力施展他的個人及領袖魅力，對黛博拉恭維有加，給足了她特別的關照，並對她需要稱許的方面極盡讚賞之能事。同樣吸引人的包括他的個人哲學——對於跨種族主義與社會正義的極端投入，這觸動了黛博拉內在反叛的靈魂。因為鍾士是個超級推銷員，所以他知道應該怎麼煽風點火。黛比回到英國後，每個禮拜都收到鍾士寫給她的信，提醒她人民聖堂有多麼需要她的加入，也希望她能擔任

鍾士鎮井序然有序自殺的918人。

社會改革計畫裡頭一個重要的職務。她十八歲時加入聖堂，並邀她母親一起加入（其母是曾經逃離納粹德國魔手的猶太人，但諷刺的是，她後來死於鍾士鎮。）

基本的社會心理學

黛博拉變成鍾士陣營裡的核心成員以後，有機會看到他很多不為人知的缺點，但是現在她已經涉入太深了。和許多其他成員一樣，她也私下質疑過「父神」，不過總會把那些懷疑用理性的解釋打發，繼續支持他的社會改革理想。「我想當父神為了更大的善而犧牲他自己的好處，做出——或命令我們做出——讓大家譴責或非法的行為時一定很痛苦。」雷頓寫道，「我認為他在道德上的過犯完全是出於利他的心態，因此是情有可原的。我又有什麼資格批判他呢？」但是1977年12月，黛博拉和她的母親旅行到蓋亞那的鍾士鎮新運動總部之後，他們卻遭遇前所未有的狀況：從半飢餓狀態到心理及身體上的虐待，活像在軍隊裡的集中營，而不是信眾的熱帶天堂。黛博拉於是伺機逃走。終於在1978年5月，鍾士交給她一個任務，到蓋亞那的省會喬治城洽談公關事宜。在一連串緊鑼密鼓的事件中，黛博拉趁隙逃到美國國會，請求保護收容，然後飛回美國。

幾個禮拜以後她開始公開談她在鍾氏鎮的遭遇，包括駭人聽聞的集體自殺演習。雷頓的報告是國會議員李歐·萊恩調查古雅那眞相的唯一也是最重要的線索，但是這個調查當然在萊恩和幾位媒體記者被刺殺後中斷，並導致鍾氏鎮的集體自殺行動。

這本書洞悉力十足，智慧洋溢，寫作精鍊並具有

迷人的懸疑性。不過，更重要的是，它讓我們清楚地看見一個人可能多麼輕易在外力不懈的作用下慢慢被誘導，而逐步輸誠，直到最後困在一個你如何也無法想像即將來臨的恐怖夢魘之中。

剛開始是緩慢的。對於新加入的成員他們不多過問。可以自由參加服務，也許每週抽出一點時間幫助教派的工作。但是你會投入漸多，以微小的數量逐步增加，然後你被要求花費更多的時間，服務性聚會的時間越拖越長，甚至長達整個週末或者每個禮拜必須耗掉好幾個晚上。就連小孩子也必須學會乖乖地一次坐八、九個小時，直到冗長的活動結束。你還被要求參加城外服務，去拓展信徒來源。當人民聖堂活動地點還在北加州的烏其亞時，每隔週的週末四百位核心家庭成員還必須搭十個小時的巴士到洛杉磯展開招募成員的工作。

接下來你還會被要求逐步交出你的財產。有一個禮拜鍾氏講到「忠於教派」的內容：經濟能力較好的信徒必須將百分之二十五的收入捐給教派。下一個禮拜他講到：「在這個房間內有誰還有支票或是存款帳戶的？」再下一個禮拜他說：「有誰還有終身保險的？」最後，所有成員都被要求簽署轉讓個人一切的財產、房屋、債券……所有的東西。然後你就被安排住在教派裡，為了省錢以及幫助聖堂工作能推行得更順利。小孩子則常交給其他家庭照顧。並且嚴格禁止跟外界接觸。

甚至虐待和暴力行為也逐漸發生。在最近一個面談裡，黛博拉做了以下的說明：「我想人們最需要了解的一點是，沒有人會接近一個自己覺得可能被他傷害或是被殺的人。在任何的虐待關係裡可能都一樣。一個女人認為一個男人長得很好看，他人很好，你們出去約會幾次，他送你一些小禮物。然後，有一次，他打了你，不過事後他向你道歉，你就想，他對我這

麼好，而且還買禮物給我。然後你們可能還生了一個孩子，之後他可能打你和孩子；通常會是已經走了很遠的路，你才恍然明白『噢，我的老天，這件事情一定有什麼問題。』但是那時你已經無法輕易抽身了。我覺得那就是發生在鍾氏鎮的情形。是日積月累的。」

《誘惑之毒》是我讀過最好的一本關於一個有智識的人，如何被有操縱和虐待傾向的宗教領導者所營造出的群眾心理所控制的心路歷程。然而，這個虐待狂領袖並沒能用折磨或洗腦的方式控制黛博拉。他最大的武器和大部分團體所使用的心理學原理幾乎是一樣的：仁慈、讚許、社會支持、共同目標、使命感、具有說服力的領導、忠誠、罪惡感以及最重要的——愛。這是基本的社會心理學。而因為這種心理學並不特殊，且是以逐漸加強的方式，使得黛博拉和其他共事者完全沒有防備的機會。

剛強不虛的假象

最後要談的是，黛博拉・雷頓的故事其實不只關於宗教狂熱。它給我們上了一堂社會心理學的課：環境具有改造人格特質的力量。我們從別人的例子可以清楚看見這個事實。不過她的書還有另一個教訓，就是我們原來都很自欺欺人，否認自己有這樣的弱點；我們認為自己的形象絕不同於那些被吉姆・鍾氏之類操縱者拐騙的人。

如果說我從研究宗教狂熱的過程中學到了什麼，那會是：正常並不永遠代表健康。《誘惑之毒》提供了活生生的一課，關於我們其實是何等脆弱，而清楚這個事實又是何等地重要。　　■

《誘惑之毒》（Seductive Poison: A Jonestown Survivor's Story of Life and Death in the People Temple, by Deborah Layton, Anchor, 1998）。

另一種美學 +高行健

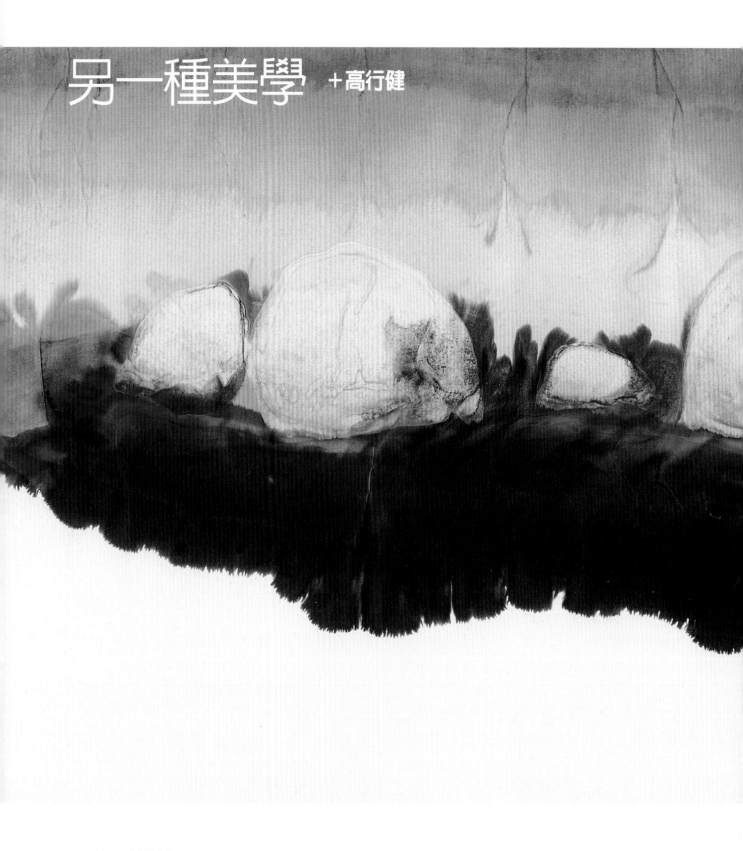

《心象》——高行健畫作　　亞洲藝術中心提供

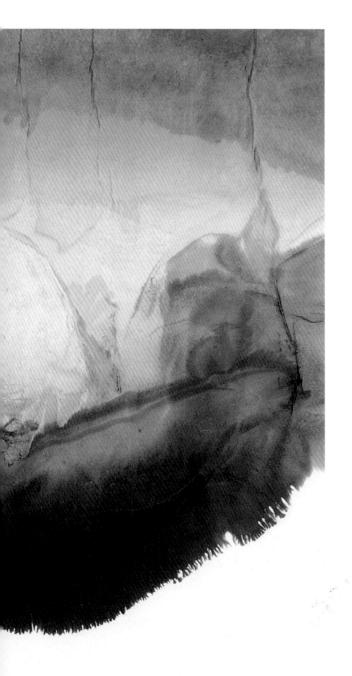

書摘是本刊特地為當月出版界的新書而開的專欄。本期是諾貝爾文學獎得主高行健新書《另一種美學》的摘錄。高行健如何尋找美學的依歸，怎樣進行藝術與反藝術的沉思，這本書中有其自白。

　　這不是藝術宣言，現如今再發表這類宣言，都像不得力的廣告。你只在作畫之餘信手做點筆記，本不打算發表，寧願人看你的畫，別用你的文字來論證，或作為註釋。便何況，藝術可以論證嗎？邏輯或辯證法，大而言之的理論，乃至於意識形態，離藝術尚無限遙遠。就連借以說明藝術的這語言，詞的定義尚且如此不可靠，而抽象的概念又歧義橫生，遠不如一筆線條或一個墨點來得分明。你最好還是放棄用語言來說明藝術這種吃力而不討好的企圖。

　　這地中海濱陽光明亮，海浪就在窗下起伏，潮聲陣陣，你被朋友請來，在這麼個羅馬時代的遺址上重修的古城堡的塔樓裏寫作，又不能不留下一篇文字作為交代。

超然於潮流之外

　　現代藝術十九世紀末首先從法國興起，當代藝術的鼻祖杜尚二十世紀初也在這裡起家。又一個世紀末，也還在法國，由〈精神〉一刊挑起了對當代藝術的論戰，從一九九二年持續至今，有關的文章與論著數不勝數，作家、藝術批評家、藝術史家、哲學家、現代藝術博物館和國際藝術大展的主持人乃至社會學家，紛紛捲入，唯有最直接的當事者，被當代藝術已經排斥在外的眾多的畫家，卻很難聽到他們的聲音。

　　你本來是個局外人，一個流亡的藝術家，有幸被法國接納，得以自由表述，贏得了創作的自由。但

是，你很快又發現對藝術家另一種壓力，不同之處在於這是兩相情願，沒有強制，藝術家接受與否可以選擇，問題是你如何作出選擇。

你選擇的是在這社會和時代的限制下儘可能大的自由，你選擇的是不理會市場行情的自由，你選擇的是不追隨時髦的藝術觀念的自由，你選擇的是你自己最想做的藝術的自由，你選擇的是做合乎個人的藝術趣味的自由，便很可能成為一個時代倒錯的藝術家，而你恰恰成了一個這樣的畫家，就畫這樣一種無法納入當代藝術編年史的畫。為此，你得給自己找尋另一種美學作為根據，好心安理得超然於時代的潮流之外。

藝術革命的終結

藝術的自由原本不是目的，不如說是來自生存對感知的需要。審美也沒有目的，人從中不過感受到自身的存在，從而得到某種滿足，對創作者和觀賞者大抵都如此。就審美而言，沒有未來，只認當下，未來是同審美無關的某種歷史觀的需要。

藝術創作的自由同樣不是目的。不斷打破藝術賴以表現的形式的限制，去重新定義藝術，置審美而不顧，不斷宣告新藝術的誕生，幻覺在未來，成為歷史上的第一人，接二連三的第一人都想成為創世主。前衛，不斷前衛，這個世紀也已太多了，太多尼采式的

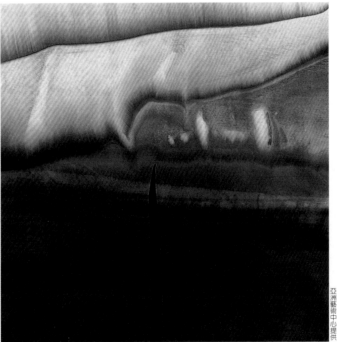

《昇》——高行健畫作。

亞洲藝術中心提供

藝術家，也就不斷製造出藝術的盲眾，藝術中審美竟然被這種藝術革命替代了。

自由總是有限度的，藝術中的自由也如此。藝術的極限在哪裡？這與其說是藝術的問題，不如說是藝術的哲學命題。藝術的極限是否可以達到，或是否可以踰越，而究竟何為藝術？一位美國前衛藝術家(約瑟夫 柯史士)的回答：「未來的藝術可能變成一種類同哲學的東西。」另一位觀念藝術的策畫家西格勞伯一九六九年在紐約籌辦了〈零作品、零畫家、零雕塑〉。當代藝術的新潮流也從法國轉到了美國，美國當代藝術的構成評論家哈諾德·羅森堡取代了杜尚，進而宣告：「今天的藝術必須變成思考性的哲學」，「藝術作品甚至不需要製作出來」。杜尚的弟子們比杜尚更徹底。

繪畫從六十年代起被一浪高過一浪的觀念藝術淹沒了，雖然許許多多畫家還在畫，卻再也進不了編年史家眼裡，而觀念的藝術和藝術的新觀念儼然主導當代藝術。

七十年代到八十年代，繪畫和雕塑從當代藝術的國際大展中差不多清除出局，由各種各樣的新藝術諸如行為藝術、觀念藝術、地景藝術和裝置所取代，後現代主義又把現代主義也打為學院派。而繪畫，也被

前衛後的新前衛一再宣告結束。

顛覆的藝術

藝術家倘若用藝術作哲學思辯，未必就能成為哲學家，但至少可以顛覆藝術，而且也已經顛覆了。顛覆必須找出個對手，恰如革命得找出敵人，藝術革命或顛覆把政治鬥爭的策略引入到藝術中來。藝術家投入藝術觀的鬥爭，對藝術作品的審美評價便由不斷宣告新觀念代替了，這也是一種策略。

瓦霍把毛澤東做成毫無趣味中性的廣告畫，究竟是對極權政治的顛覆了，還是對藝術的顛覆？誰也說不清楚，這便是策略的妙處。他的中國弟子們很快也學會了，再說這也不需要多少繪畫的技巧，立刻贏得中國大陸和海外的市場，很賣一陣子。而這種對藝術的顛覆往往並非指向社會和政治，同他們反對的視為已經過時的現代主義前輩那種明確的政治傾向性也區別開來。

在極權國家裡，藝術形式之爭同樣具有政治內容。任何非官方倡導的藝術形式都可能視為政治顛覆，就這詞的本義而言，而非後現代主義語彙。在極權制度下，形式主義，且不管什麼樣的形式，曾經是當權者的政敵，可以導致勞改、監禁或槍斃，在前蘇聯、納粹德國和毛澤東時代的中國都如此。

在西方社會，新的藝術形式的出現也曾有某種程度的挑釁性，雖然很快被社會接受並造成時髦，這也是一個歷史時代的特徵。西方社會出現的藝術上的顛覆，譬如達達主義、未來主義、表現主義和超現實主義，同那一個多世紀的革命，不管是共產主義、社會主義、無政府主義還是托洛斯基主義，凡此種種都有所聯繫。造形藝術中的革命，在這背景下也就具有一定程度的政治的涵義。

當革命變成神話

問題是，柏林牆倒了之後，藝術形式之爭的這種潛在的意識形態的涵義消解了，還具有的政治涵義不如說是某種文化政策，更確切些說，是西方的公共文化機構，比如現代藝術博物館和當代藝術的國際雙年展，所倡導的方向引起知識界的爭議，關於當代藝術的爭論的美學涵義也就更加充分顯示出來了。

當社會政治的涵義消解了，人們發現顛覆的不過是藝術本身，而且把藝術家也顛覆掉了。波依斯七十年代已經宣告「人人都是藝術家」。從尼采的造物主式的超人藝術家，到杜尚的現成品，再到波依斯的行為藝術，也已經把藝術和藝術家都一併結束掉，這種當代藝術史也幾乎寫完了，都已青史留名。然而，幸好這不過是一種特殊的藝術史，還更多是一種藝術革命

《自在》──高行健畫作。

亞洲藝術中心提供

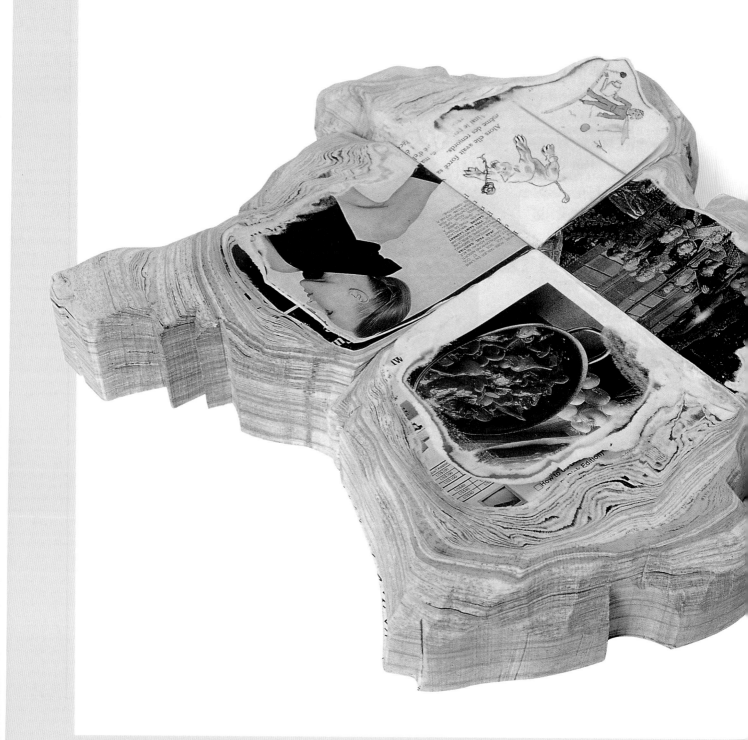

閱讀法國
Lisons la France

近十年之間，
有一種新的外國文化以安靜但全面的角度進入了台北的各個層面。
文學、電影、音樂、服飾、美酒、雜誌、法語學習，甚至電視節目，
都已經和台北人的生活密切地結合。
法國文化，今天已經和和美國文化及日本文化鼎足而立，
成為影響台灣最大的外國文化之一。
來到2001年，台北國際書展，也以法國為國家主題館。
法國，我們要如何閱讀？

紙雕作品／陳龍斌　攝影／何經泰

台北人所不解的法國

台北儘管已經從各個層面在接觸法國，但是台北人對法國文化的認識，是否還有什麼遺漏的層面，或是誤解的角落？本刊訪問了賴可瑞先生。他在香港和台北各有多年居住經驗，對華人世界有一定的了解，現在任職FNAC書店。

＋黃妽俐

○：你認爲台北人對法國文化有哪些誤解，或者說還不夠了解的層面？

◎：在台灣，大家一聽說你是法國人，總免不了會講一句『啊，法國人你們好浪漫啊。』甚至，一個讀法文系的女孩子告訴我，別人聽說她讀法文系，也會說一句：『啊，你好浪漫。』

台灣人覺得法國人很浪漫，法國人也覺得自己很浪漫，只是，我們自認爲的浪漫，和台灣人認爲的浪漫不太一樣。

台灣人想到的浪漫是露天座上喝咖啡，美酒，香水，衣著打扮，住古堡等等的生活方式的浪漫。眞要說這種浪漫，義大利人才更是代表。我們不覺得自己在這方面有多麼浪漫。以紅酒來說好了，其實很多法國人根本不懂酒，和他們談酒，談兩分鐘就沒什麼可談了。

那古堡呢？在法國買個城堡，比在台灣買房子還便宜。一棟十八世紀的城堡，三十多個房間，不到台

古典的法國。

幣二千萬元就可以買到。可是維護費用就太高了，根本負擔不起。所以這有什麼浪漫可言？

我們也覺得自己很浪漫，但不在這些生活風格上。我們的浪漫在於思想上超越現實，甚至脫離現實。法國人特別愛看小說，法國人也喜歡發想一些前衛的思想或理想，我覺得我們的浪漫表現在這裡。

○：你說的這種有關「浪漫」的誤解，是只有台北有的現象嗎？北京和香港有沒有這種現象？

◎：北京我不知道。但是香港應該就好很多。我也在香港居住過三年半。香港人聽說你是法國人，就不會反射性地說你浪漫。他們會先問你法國現在的經濟情況如何，工作好不好找等等。

○：你這麼解釋，可以解開另一個疑團。我聽很

多人提出一個疑問，說法國人怎麼能一方面這樣浪漫，承受這麼多罷工，一方面又能在幻象機、高速捷運、核能發電等等高科技的領域有這麼領先的地位。

◎：在法國，經營企業很難，經營大企業尤其難。聘用一個人，付他一萬元的薪水，公司要另付政府八千元的健保與勞保費。營業稅都在百分之四十。還要面對家常便飯的工會抗爭。

小公司成立之後，有百分之七十到第三年就要倒閉。大公司要存活，效率更要特別高。

但是從浪漫理想到講求實際效率，很多創造力的空間就變小。這點受美國影響很大。所以，在企業的經營上，我們是更不浪漫吧。

○：除了「浪漫」，台灣對法國還有什麼誤解？

◎：我感覺到台灣的人談到法國，主要想到的還是高盧人，白人。但這樣想是不夠完整的。

法國是個多元民族的國家，和美國有點類似，但又大不相同。美國強調少數民族，但法國則根本不准做所謂少數民族的人數統計，身分證上也不准註明種族，因為大家既然都已經是法國人了，那就不要再強調原來的種族。

法國有七個邊界和不同的國家接境，所以可以形成一個自然的民族熔爐。說起來，法國的外來移民熱潮，是從六○年代起開始的，最新的移民則應該主要來自亞洲。

○：你這麼說，讓我想起一點。像我走在巴黎街頭，會有人過來問我時間，問我方向，就把我當個巴

何經泰攝影

現代的法國。

黎人看似的。這一點似乎也可以佐證你的說法。他們並沒有看我是亞洲人的模樣，就先認定我是外來的人。

◎：是的。

○：還有什麼其他的誤解嗎？

◎：台灣人想到法國，也總會想到古典。事實上，法國也不再那麼古典。近半個世紀來，法國文化經歷了幾個不同階段的轉換。

六○年代，經歷的是衝突。

七○年代，是女性主義，環保，理想。

八○年代，大家開始注意實踐（Performance），發現金錢這件事。之前，金錢在法國文化裡是一種禁忌。80年代開始，很多小公司，自由工作者出現，賺多花多，我們也終於開始有了年輕又英俊的企業家。

九○年代，共產主義不見了，從此沒有是非分明的對壘，很多人也失去了理想。AIDS出現之後，連性的理想也不見了。可以說，浪漫、理想、奮鬥這些因素都不見了。以前法國人可以同時容納一件事情的兩面，但現在只能選一面，喜歡或不喜歡。全然的。It works or It doesn't work. 現在成為一種價值觀。

這些變化，也表現在文學創作的變化上，像《爸爸的榮耀》或《媽媽的城堡》那種書，九○年代之後已經少見。代之而起的，是《小姐變成豬》這種新興創作。最可以說明的，還是得了十一月獎的《元粒子》

（Les Particules Elementaires 那本書。這本書寫一對雙胞胎兄弟，一個是性壓抑，一個是性頹廢，故事在2030年結束，最後因為人類複製技術（CLONE）而帶來樂觀和光明，但根本上講的是封閉的心靈（法國人的孤獨）。這本書在法國引起非常大的爭議。

台灣的讀者非常愛法國古典的感覺，但那是以前的事。不過，也有些非常新的東西出現。譬如，全世界最好的電子音樂及DJ，都在法國。今天有些法國人創作的音樂用英文唱，不是為了市場，而是為了英文歌詞發音出來的感覺。像KOZAK，ST. GERMAIN，AIR，IAM等，都是例子。這樣下來，也沒有人認為他們是法國歌手或樂團。

○：那你怎麼解釋《小王子》的風行不衰？

◎：《小王子》風靡全世界，不僅僅是在台灣。若要問說他為什麼至今仍風行不衰，很難說，也許是它代表著孩子童年的好奇心與美吧。

○：你剛才提到，過去金錢在法國文化裡是一種禁忌。請再補充說明一下。

◎：法國人工作，是想到興趣，社會地位，而不是金錢放在第一位。尤其是高層管理人員，所得比台灣也多不了多少。

法國人當然也知道需要賺錢，但是賺錢是為了滿足生活所需，如果超出生活的需要而一直想賺錢，就不免會被認為是機會主義者。中國人所謂的士農工商，商放在最後，法國也有這個意思。

近十年法國的變化很大。

社會上如此，家庭裡也如此。我們和父母親再親密，彼此是絕不會碰觸到金錢的話題。但我剛才說過，80年代之後，這些大有改變。

○：那你們在台灣不是大有所感？

◎：當然，當然。台灣人對賺錢的狂熱，對Duty Free的狂熱，是法國人難以想像的。日常生活裡，大家也毫不避諱地談錢，問你買這個東西花了多少錢，買那個東西花了多少錢。等你說出了價錢之後，幾乎最常見的反應就是：「哈，你買貴了！」這對我們是不可思議的。

不過，從另一個角度來看，台灣人對金錢的態度可能是先進的。我們把金錢視為禁忌，可能還是一種壓抑，遲早要解放的。

○：要了解法國文化，除了閱讀之後，還有什麼途徑？

◎：法國電影。

美國電影很孩子氣，動作很多，促銷很多。一個國家如果沒有自己的電影，就只能消費這種電影。即使好看，沒有內容。

除了TAXI（台譯《終極殺陣》），法國電影不強調動作，沒有炫目的特技，百分之九十五都在談人，談心理。法國電影都很有法國，尤其是巴黎的味道。非常真實。也因為如此，今天法國電影還可以佔有百分之四十的法國電影市場。台灣的讀者，不妨把法國電影也當作一個了解法國文化的途徑。　■

美食與思想的胃納

法國人愛美食，法國人也愛思想。因此，法國人寫起美食的書，也有與別人不同的角度。翁福雷（Michel Onfray）所著的《美食之道》（La Raison Gourmande），正是這麼一個代表。他談著美食，也亮出了思想的胃納。

＋邱瑞鑾

從來，一個高度發展的文明，它的光輝不僅在思想、文字等智性的向度上煥發光芒，它必然也會伴隨著其他層面的開發與展現，綜合而成為一整個文化的精神風貌，以我們一向對它有諸多嚮往的法國來說，它除了在文學、哲學方面有突出的成就之外，其他無論是繪畫、香水、美食、時裝……等等這些也都在這個國度裡提升到前所未有的高度。

或許因為這樣的文化活力，所以反映在我們的出版市場上，有關法國題材的出版品和其他國家相關的題材比起來，可以說佔有一個獨特而明亮的焦點，不管是文學作品、繪畫藝術、旅遊情報、流行資訊、生活風格等等，都是許多讀者關心、好奇的領域。

以飲食書來說，近年來在幾位學有專精的作者陸續的引介下，對於法國葡萄酒、品酒藝術、菜餚、食譜，乃至法國各種不同等級的飯店、餐廳、小酒館等特定範疇，都能找到內容紮實的專書論述，滿足讀者的口腹對異國風情的想望，對我們的感官享受有開疆拓土之效。但是在書市上所見的這些飲食書，停留在實用層次者多，探究飲食文化者寡，對飲食的歷史意涵、思想意涵少有著墨。在法國出版的飲食相關書籍中，觸及文化層面的寫作者所在多有，而這一點對我們就頗有參考價值。

發明香檳的修士

以一本書為例，翁福雷（Michel Onfray）所著的《美食之道》（La Raison Gourmande / ed. Grasset, 1995），內容就列論了我們較為陌生的飲食的文化範疇。

翁福雷是法國近年一位以寫作與生活相關、兼及文化性與思想性之類的書籍的作者，曾於一九九三年以《自我雕塑》（Sculpture de soi）一書，獲頒九三年的法國梅迪西論文獎。

在觸探飲食這個領域的題材時，他把他談論的對象，例如香檳酒、餐桌禮儀、松露、茶、咖啡，以及法國近年興起的「新廚藝」（Nouvelle Cuisine）這個新飲食概念，一一放回歷史的座標裡，就它發生的緣由闡明與時代的相關性，以及它背後所蘊含的深意。他在這本書裡援引脈絡相通的人文精神，把飲食和音樂、

舞蹈、繪畫、科學、哲學等等不同領域的論述勾畫在一起，互為反證，丰姿多采。例如，談到「新廚藝」這樣的觀念藝術，便多少受到未來主義等觀念藝術的影響。十八世紀時，發端做飲食評論的格里莫‧德‧拉‧瑞尼耶（Grimod de la Reyniere）也是受到戲劇評論的啟發。

以作者翁福雷談論香檳酒的篇章來說，他把十七世紀末、十八世紀初——香檳酒這種帶有氣泡、具有聲色之美的佳釀初始發生、普受歡迎的時代——那個時代豐美的氛圍，以香檳作為那一整個帶有巴洛克風格的時代的中心隱喻，對當時的人文圖像有輪廓鮮明的描繪。

美食中自有寓意

書中，引證了歷史資料說明「發明」香檳的，不是左手拿試管、右手拿燒杯的科學家，而是個穿著僧侶服、手執聖經的本篤會修士佩里尼翁（Dom Perignon）。而且他還研究裝瓶，把這個具有「衝力」的液體封裝在較厚的玻璃瓶中，並且以軟木塞取代以浸了油的麻繩來隔絕空氣的氧化，並且製造出開瓶時「啵」一聲的歡慶氣氛。而歡慶氣氛，正是法國「太陽王」路易十四當政時的社會基調。

帶氣泡的歡樂情調

作者翁福雷再以歷史切入，把和佩里尼翁同時代的人物一一帶進他的論述中，這些人物的豐沛創造力在這個時期正如香檳酒的氣泡一樣競相往上飛升。

以主宰一整個時代風華的政治領袖來說，法王路易十四和佩里尼恰屬於同一個時期，更巧的是他們兩人幾乎是同年生、同年死（1638-1715）；路易十四當政時，推行重商政策使經濟復甦，法國的整個生活面貌有了極大的改變，民豐物庶不說，在文化、藝術上也達到了燦爛的高峰，重修羅浮宮，興建凡爾賽宮，具古典風格的繪畫、具民族色彩的裝飾藝術等等這方面的視覺表現奠定了特有的巴洛克風貌。劇作家莫里哀（1622-1673）、拉辛（1639-1699）在路易十四的供養下，盡情投入創作，拉封登（1621-1695）的《寓言》也是誕生在這個時期的作品。在這樣豐美的時代裡，生活情調傾向於歡愉、輕快，連音樂都是帶著明朗、活潑的節奏，譬如當時流行的便是快節奏的快步舞曲、庫蘭特舞曲、薩拉邦德舞曲，而音樂界造成這一切風潮、並為整個歐洲音樂界所仿效的音樂家呂利（J.-B. Lully，1632-1687），也是當中不可忽略的人物之一。

而翁福雷援用歷史資料，並不是死板的堆砌，他總是觸類旁通，挖掘看似不相關的細節，找出彼此之間精神上的連結點，發揮既理性又帶點個人風格的詩意聯想。這從以下他論列當時繪畫藝術中所表現的「香檳精神」，可見一斑：

佩里尼翁所研製的香檳酒，這種開瓶時有歡慶的爆響聲、斟入酒杯後帶著清亮細巧的聲音、有氣泡不斷往上竄升的輝煌的金黃色液體，這樣的軟性酒精飲料總給人帶來一種歡快、喜悅的聯想，正和這個時代品味人生的情調若合符節。無疑的，香檳具有一種享樂精神。因為最理想的享樂之道，在於享有歡愉，而

不負擔多餘的重量。它酒精濃度低，所以會讓人欣然微醺，不會讓人泥醉，露了醜態。它不會淡而無味，壞了飲宴的興頭，也不會過於濃膩，縮短了作樂的時光；而且它帶著貴族的氣息，卻又平易的能和各式菜色搭配良好。它是酒中之酒，酒中之精髓。

而享樂精神及時行樂的心態背後所隱藏的，又是另一種不安。香檳酒裡的小氣泡即生即滅的質性，也呼應了十七世紀中晚期的巴洛克時代幾個流派的畫家在繪畫裡所表現的隱含了人生如夢幻泡影的生命觀。當時許多畫家，如西蒙・賀納（Simon Renard de Saint-Andre）、西蒙・呂替奇（Simon Luttichuys）、昂得利克・安迪森（Hendrick Andriessen），在畫作裡總少不了畫上一顆骷髏頭，以寓意在死神面前人生不過是短暫的旅客。Homo bulla（泡沫之人）當時這一個常掛在人們嘴邊的拉丁文，具象的表達了萬物虛無論是那個時代隱隱然的幽靈。

同樣的，在繪畫藝術中，香檳氣泡的透明光亮也映射在當時知名畫家的畫作裡，像林布蘭特，以畫面裡具有戲劇性的光線明暗表現聞名，畫面裡的人物置身在一片漆黑中，卻總是包裹在一圈珍珠光芒的亮光裡；又如維米爾，他畫作裡的人物，不管是編織的女孩、寫信的女孩、彈奏威金琴的女孩，都像是隔離了嘈雜的世界，安寧的處在一種和詳圓潤的珍珠世界中。而在弗蘭德斯畫派中，甚至會直接在畫中人物的耳朵上畫上一副珍珠耳環。而珍珠（perle）這個字在字意上有個相似詞，就是bulle（泡沫），這所象徵的，也就是在看似甜美、溫婉的背後，隱含了Homo Bulla這一層意思中的夢幻泡影之意。

明暗中自有世界
（何經泰攝影）

李維史陀以降

在法國，類似這樣以飲食的角度切出一片天地開闊的學理的，還可以舉出另外兩個大家熟悉的例子：人類學家李維史陀以生食、熟食、餐桌禮儀起源為參考點，專研南北美洲各地採集的八百多則神話的結構體系；哲學家羅蘭・巴特在他的《符號帝國》一書中，也有幾篇從符號學的角度所寫的短論，以法國（或者說歐美）的進餐習慣為參考座標，來對照日本的飲食，剖析兩種文化在餐桌上的概念差異。

像這樣的書籍，雖然涉及飲食的主題，但餵養的是我們的文化胃納，以及我們對智性開發的興趣。和實用性書籍的寫作、出版比較起來，這樣的人文寫作，在背後支撐它的，除了需要有學養豐富、文筆親切的作者這個最基礎的要件之外，出版者、讀者對這樣議題的興趣，也左右了這樣書籍存在的可能。在法國，小說固然是出版的大宗，而非小說類型的書，受讀者青睞的，很少是速食性、消耗性的出版品，而常常像是這樣帶點文化議論的色彩，需要多一點時間反芻、思辨。而在我們的出版市場上，無可否認的，這還是稍嫌薄弱的一環，不僅本土的作者沒有這一類的寫作，連翻譯書碰觸到這個領域的似乎都沒有。這是一塊還有待我們開疆闢土的新邊界。 ■

美食之道（La Raison Gourmade）
翁福雷（Michel Onfray）著
Le livre de Poche 出版

50本
法文書

本刊從4,200筆法文中譯的書單裡，篩選出380筆初選書目，再進一步過濾為110種複選書種。然後交給台北、香港、北京、巴黎的相關專家決選為閱讀法國不能不讀的50本書。50本書決定後，本刊再邀請大陸的社會科學院外國文學研究所吳岳添、余中先、黃小英三位撰寫了各書簡介。最後，本刊再綜合整理各個書種在台灣與大陸兩地的參考閱讀版本。整理過程中，我們所知道最早譯為中文的法文書是《巴黎茶花女遺事》，1899年福州以畏廬藏版印行，王壽昌、林紓譯。讀者對這50種書目有不同的意見，歡迎到Netandbooks.com上進行您的選擇，並發表意見。

CHANSON DE ROLAND

羅蘭之歌
佚名

版本參考
台灣：桂冠／楊憲益譯　大陸：上海譯文

《羅蘭之歌》是法國中世紀英雄史詩的代表作。它是世代口頭相傳和漸趨完美的詩歌，所以沒有署名作者，而是富有傳奇的色彩。詩歌中的查理大帝深謀遠慮、大義滅親，是統一的法蘭西的理想的君主。羅蘭驍勇善戰、忠君愛國，是一個理想的騎士和忠臣。他率領兩萬騎兵受到十萬敵軍的襲擊，直到全軍覆沒時才吹響查理大帝留給他的號角，顯示了視死如歸的大無畏的英雄氣概。《羅蘭之歌》是法蘭西民族開始立國的標誌，是瞭解法國文化不可少的名著。

OEUVRES COMPLETES

巴爾札克全集
巴爾札克（Honore de BALZAC, 1799～1850）

版本參考
大陸：人民出版社出版（1999年巴爾札克誕生兩百週年出的紀念版本）
丁世中、鄭永慧等譯

巴爾札克作品的意義，以及歷史地位，可以由下面這段他自己說的話來說明：「法國社會將成為歷史家，我只應該充當他的祕書。編製惡習與美德的清單，蒐集激情的主要表現，刻劃性格，選取社會上的重要事件，就若干同質的性格特徵博採約取，從中揉合出一些典型，做到了這些，筆者或許就能夠寫出一部許多歷史家所忽略了的那種歷史，也就是風俗史。我將不厭其煩、不畏其難，來努力完成這套關於十九世紀法國的著作…」他的確做到了。也正因為如此，要讀巴爾札克，最好還是讀他的全集。

＋ 感謝信鴿法文書店提供法文中譯資料庫協助。

DEGRE ZERO DE L'ECRITURE

寫作的零度
羅蘭・巴特 (Roland BARTHES, 1905-1980)

版本參考
台灣：時報／李幼蒸譯

法國的著名文學理論家、符號學大師巴特把自己的這部早期著作定義爲一篇導論，作爲將構成一段文字的形式上的歷史的導論。這是「新批評」的一部指導性作品。巴特在這部作品中，集當時各種方法論之大成，探源溯本，分析了三百年來法國文學的變遷過程，論述了寫作與社會、文學語言、意識形態之間的關係，肯定了社會經濟可以影響文學以及文風的發展。由此，作家應該意識到，文學作品是不同社會的文化產品。巴特提倡的「寫作的零度」，即具有「完全的透明度」的中性作品。

LES FLEURS DU MAL

惡之華
波特萊爾（Charles BAUDELAIRE,1821-1867）

版本參考
台灣：志文／陶鐵柱譯
大陸：湖南文藝出版社／桑竹影、南珊譯

這個染上了「世紀病」的詩人，心裏充斥著無聊和憂傷。他在世上碰到無數的醜惡和煩惱，依然在掙扎著追求光明和理想。他在罪惡中體驗快感和痛苦，描寫腐屍和骷髏、憂鬱和死亡，挖掘的卻是惡所包含的美，是腐惡之上開放的鮮花。他借酒澆愁、以詩抒情，這些韻律整齊、想像奔放的詩歌，包含著波德萊爾全部的溫情和信仰、仇恨和希望，初看似覺神祕邪惡，仔細讀來卻賞心悅目。它們在1857年出版之時曾被法庭判爲「有傷風化」，今天早已被後人公認爲現代派詩歌的經典之作。

LE DEUXIEME SEXE

第二性
西蒙・波娃（Simone de BEAUVOIR,1908-1986）

版本參考
台灣：志文／陶鐵柱譯；貓頭鷹
大陸：湖南文藝／桑竹影、南珊譯

這位女作家可謂驚世駭俗、不同凡響，不但和沙特一起宣揚存在主義哲學，而且身體力行，連婚姻大事也貫徹完全獨立的精神，即和沙特結成不是夫妻的終身伴侶，在彼此相愛的同時又給予對方充分的自由。要明白究竟，不可不讀她的《第二性》。這部著作講的是關於結婚、離婚、流產、賣淫、性別平等、無痛分娩等種種問題，還提出了「女人不是天生的，而是變成的」口號，要讓婦女擺脫男人的壓迫，通過行動來解放自己。西蒙・波娃用這部長達1000多頁的論著，舉起了新女權運動的旗幟，她也因此而成爲國際女權主義運動的領袖人物。

時間與意志自由
柏格森 (Henri BERGSON, 1859-1941)

柏格森反對科學唯物論和實證主義，是生命哲學和直覺主義的代表人物。在《時間與意志自由》（1889，一譯《論意識的直接材料》）這部重要的著作裡，他貶低理智、推崇直覺，認爲可以用鐘錶度量的時間是「空間化的時間」，這種科學的時間只是幻覺；只有用直覺體驗到的時間即「綿延」才是實在。依次類推，他把記憶也分成兩種，認爲作爲精神活動的眞正記憶要勝過全憑大腦的習慣記憶。柏格森的理論在20世紀初曾風行一時，對普魯斯特等作家的意識流創作手法很有影響，而且由於文筆優美而獲得了諾貝爾文學獎。

CIVILIZATION MATERIELLE; ECONOMIE ET CAPITALISME

十五至十八世紀物質文明、經濟與資本主義
費爾南・布勞岱爾（Fernand BRAUDEL, 1902-1985）

版本參考
台灣：貓頭鷹
大陸：北京商務

作者被認爲是法國二十世紀最重要的史料編撰者，年鑑派歷史學家的代表人之一，當選爲法蘭西學院院士。他的兩部巨著對後世影響很大，其一是《腓力二世時代的地中海和地中海世界》（1966），其二即爲《十五至十八世紀物質文明、經濟與資本主義》（共三卷，分別爲《日常生活的結構》、《商業的齒輪》和《世界的展望》）。這部專著研究了從中世紀到工業革命時代的社會發展和經濟發展，如同《地中海世界》那樣，它不以政治與外交事件爲中心來研究歷史，而是著重研究影響了這些事件的種種因素，如氣候、地理、人口、交通、商貿、日常生活等等，再次展現了人類各種經驗、活動和事件的全貌，解釋了西歐成爲最先進的工業革命發源地的原因。

L'ETRANGER

異鄉人
阿爾貝‧卡繆(Albert CAMUS,1913-1960)

版本參考
台灣：商務（書名：《局内局外》）／遠景／志文
大陸：外國文學／郭宏安譯

莫爾索對什麼都無所謂了。母親死了他沒有掉眼淚，葬禮之後就去和女友共度良宵，至於要不要和女友結婚也是無所謂的。他就這樣糊裡糊塗地介了鄰居雷蒙與一夥阿拉伯人的糾紛，不知不覺就開槍打死了人而進了監牢。法庭判他死刑，他也拒絕悔過，因為既然人人早晚要死，怎麼死和什麼時候死也就無所謂了。他在社會裡是一個多餘的人，有他不多，沒他不少。到底是這個人的神經出了毛病，還是世界變得荒誕不經？這可是個如何看待社會和人生的大問題。卡繆由於關注這個問題而獲得了諾貝爾文學獎，而《異鄉人》則是他的開山之作。

NAISSANCE DES FANTOMES

小姐變成豬
瑪麗‧達里厄斯克 (Marie DARRIEUSSECQ, 1969~)

版本參考
台灣：皇冠／丘瑞鑾譯
大陸：海天（書名：《母豬女郎》）

人變成豬，特別是一個妙齡女郎變成了骯髒的豬，確屬匪夷所思。可是27歲的瑪麗‧達里厄斯克寫作這個題材，第一本小說就成了轟動法國的暢銷書。她是在當女招待時和男人交往而變成豬的，人既然成了豬，也就不存在什麼隱私，即使獸性發作也無所顧忌，可以隨心所欲地做愛和殺人了。女人可以變成豬，男人當然就可以變成狼，這樣一個世界就像一個大豬圈，只有動物本能的需要，沒有人類應有的羞恥和教養。這是一個讓人愛不釋手的故事，也是一個讓人想不明白的故事。

LES LETTRES DE MON MOULIN

磨坊文札
都德 (Alphonse DAUDET,1840-1897)

版本參考
台灣：志文／莫渝譯
大陸：北京燕山（書名：《最後一課》）／李玉民譯；
北京三聯（書名：《磨房書簡》）

提起都德，幾乎人人都讀過他的《最後一課》。他能夠寫出這篇膾炙人口的名作，當然並非偶然，因為他在早期的成名作《磨坊文扎》裡，他就已經顯示了寫作短篇的才華。其中收集的短篇都是懷鄉之作，彌漫著他的故鄉普羅旺斯地區的芬芳和樸實的民風。生活在如畫的美景中的牧童或山民，內心往往懷著純潔的愛情；就連平時忙於事務的俗吏，也會情不自禁地醉倒在迷人的山林。這部作品不只是令人賞心悅目，還會使讀者滿懷深情地想起自己的故鄉。

MEMOIRES

戰爭回憶錄
戴高樂（Charles de GAULLE,1890-1970)

版本參考
台灣：黎明出版

二十世紀所有偉大的軍事家和政治家都寫過回憶錄，但只有戴高樂將軍為自己創造了一種風格。作為繼續的配套工程，將軍還寫了《希望回憶錄》，只是未能最終完成。可以說，從1940年起，一直到1970年他逝世為止，整個的法國歷史就與戴高樂這個名字緊密不可分，讀他寫的回憶錄，實際上就等於在讀這一時期的法國歷史：尤其是第二次世界大戰的法國史。戴高樂帶給法國人的，是尊嚴和勝利，因為所有的法國人恐怕都不會忘記這樣的兩個日子。1940年6月18日，在被德軍佔領的法國，多少人從收音機中聽到了將軍從倫敦發出的號召：「無論發生什麼情況，法蘭西的抵抗火焰絕不應該熄滅，也絕不會熄滅。」1944年8月26日，巴黎解放的第二天，將軍在萬眾歡騰的香榭麗舍大道上，徒步從凱旋門走向聖母院，接受人民的歡呼。

DISCOURS DE LA METHODE

方法論
笛卡爾(Rene DESCARTES,1596~1650)

版本參考
台灣：志文／錢志純譯

笛卡爾是法國17世紀理性主義的奠基人，也是西方近代哲學的創始人之一。他反對以《聖經》論斷和神學教條為前提的經院哲學，主張為了追求真理應該懷疑一切，用理性的尺度去衡量一切，並且提出了「我思故我在」等基本的邏輯命題。在這部用法語寫作的重要論著中，他提出了理性演繹方法論，以及普遍懷疑、化繁為簡、由簡見繁、累計復查的具體方法，並由此推論出上帝的存在。 他的二元論對康德和史賓諾莎等都很有影響，連不少文學大師都是他的熱心的讀者。

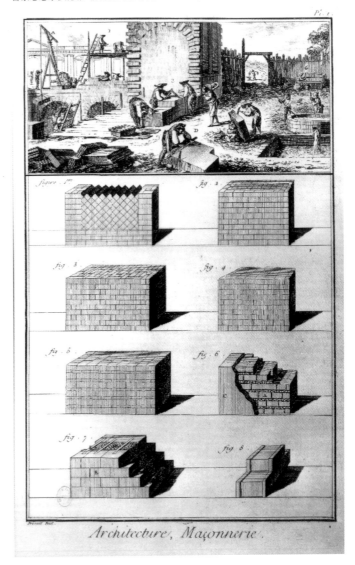

Architecture, Maçonnerie.

JQCAUES LE FATALISTE

宿命論者雅克和他的主人
狄德羅 (Denis DIDEROT ,1713-1784)

版本參考
台灣：皇冠／黃有德譯
大陸：人民文學／匡明譯

啓蒙思想家們寫的小說都富於哲理，往往以對話為主，情節不多卻妙趣橫生。自古以來都是老爺比僕人高明，但是以主持編寫《百科全書》而聞名於世的狄德羅，他筆下的雅克雖然是個說話粗俗的農民，但是身強力壯、頭腦靈活、詼諧樂觀，而他的主人則是一個迷迷糊糊、死氣沈沈的貴族老爺。他們出門旅遊，一路上昏庸無能的主人離了雅克就寸步難行。在他們閒談的趣聞逸事裏，道貌岸然的貴族和神職人員也全都是放蕩卑鄙的無恥之徒。這些哲理小說讀來趣味盎然，令人在忍俊不禁的笑聲中感受到啓蒙時代的氣息。

LES REGLES DE LA METHODE SOCIOLOGIGUE

社會學方法論
涂爾幹（Emile DURHEIM, 1858-1917）

涂爾幹是奧古斯特・孔德的弟子，更是社會學法蘭西學派的創始者。他為社會學確立了有別於哲學、生理學、心理學的獨立研究基礎，即社會事實。社會事實具有有不同於自然現象和生理現象的特徵，它先於個體生命而存在，又比個體生命更長久，它作用於人之後，形成了人的意識。宗教、道德、法律、社團、語言、時尚等都是社會現象，因而都是社會學的研究對象。在法國的社會學界，他第一個對日常生活的特定現象進行社會學研究，並系統地形成了一套富有生命力的方法論。他對後世社會學的影響，至今無人能比。除了這一部《社會學方法論》之外，他著名的作品還有《論社會分工》、《論自殺》等。

LES TROIS MOUSQUETAIRES

俠隱記（又名：三劍客）
大仲馬（Alexandre DUMAS, 1802-1870）

版本參考
台灣：志文／徐智仁譯
大陸：湖南人民出版

法國國王路易十三的王后愛上了英國的白金漢公爵，竟然把國王所贈的一串金剛鑽墜子送給了他。這當然是一個虛構的故事，可是經過大仲馬的生花妙筆的描繪，卻形成了一連串緊張生動的情節。王后在眼看要名譽掃地的危急時刻，多虧了勇士達達尼昂與國王的三個火槍手出生入死、鼎力相助才化險為夷。這部小說讀來扣人心弦、對話幽默風趣，已經成為家喻戶曉、百讀不厭的名著。伍光建先生譯述的《俠隱記》更是琅琅上口，富有中國古典章回小說的特色。

L'AMANT

情人
莒哈絲（Marguerite DURAS,1914--1996）

版本參考
台灣：文經社／胡品清譯
大陸：四川人民出版社／王東亮（作者譯為杜拉斯）；浙江人民／王道乾

莒哈絲是法國當代最負盛名的女作家，她在70歲時發表的《情人》裏，坦率地回憶了自己16歲時在印度支那與一個中國情人的初戀，使小說獲得了龔固爾文學獎，她自己也得以享譽世界。人們因此逐漸了解到她曾與先後的兩個丈夫一起生活，而在生命的最後15年裏，則和比她小39歲的雅恩・安德雷亞同居。加上她的面孔很像亞洲人，更使她的身世顯得撲朔迷離。要認識莒哈絲，不可不讀《情人》，而讀了這部小說，你對莒哈絲也許會產生更多的疑問。

孟德斯鳩《論法的精神》手稿　Bibliotheque nationale de France

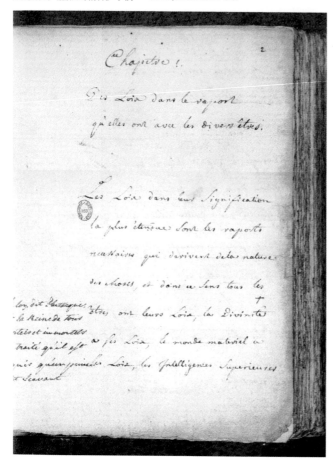

MADAME BOVARY
包法利夫人
福婁拜（Gustave FLAUBERT, 1821-1880）

版本參考
台灣：遠景／鍾斯譯
大陸：人民文學出版社／南京譯林／許淵沖譯

與世隔絕的修道院不能保證女人的純潔，狹隘閉塞的環境更容易使女人墮落。《包法利夫人》講的是禁欲主義教育對少女愛瑪的壓抑和毒害，以及上流社會裏尋歡作樂的生活對下層婦女的誘惑，因此在出版後曾受到「有傷風化」的指控。不過女人若是碰上一個談吐平庸、感情貧乏的丈夫，她是應該逆來順受還是另找出路？愛瑪自殺的悲劇是咎由自取，還是那些無賴之徒勾引的結果？對於這部一個半世紀以來盛名不衰的傑作，今天的讀者也許會另有一番感受。

HISTOIRE DE LA SEXUALTE
性史
傅柯（Michel FOUCAULT, 1926－1984）

中國人很容易從「性」這個字上聯想到「黃色」，其實與弗洛伊德一樣，傅柯也是從心理學、心理病理學的角度來談論性問題

的專家。不同的是，傅柯討論的是性與權力，與家庭的關係，從生理的角度討論性的快感、節制與自我呵護，而且觀點也與佛洛伊德相左。佛洛伊德認為「性壓抑」是普遍現象，傅柯則考問「為什麼我們會說自己受到了壓抑」，並且認為這在很大程度上是語言的問題。《性史》雖然是一部聞名於世的學術論著，但是涉及每一個人，又有許多例證，所以有很強的可讀性。

JOURNAL DU VOLEUR
竊賊日記
尚・惹內（Jean GENET, 1910-1986）

版本參考
台灣：時報／洪凌譯
大陸：海天出版／楊松河譯

在監獄裏成名的作家可謂鳳毛麟角，惹內乃是最突出的一位。他生來不知父親為何人，又被母親遺棄，從小就進了少年犯教養所，逃出來以後又在歐洲各地流浪，長期與小偷、同性戀者為伍，多次因行竊入獄，最後被判處終身流放。幸好他在獄中埋頭創作，得以在沙特等大作家的呼籲下獲得特赦，後來終於成為荒誕派戲劇的大師。《竊賊日記》是他獲釋後發表的最後一部長篇小說，書中充斥著由竊賊、乞丐和男妓等構成的卑污混亂的景象，也鬱積著他欲哭無淚的悲憤，觸目驚心地展現了一個絕望的靈魂。

LA PORTE ETROITE
窄門
紀德（André GIDE, 1869-1951）

版本參考
台灣：遠景／楊澤譯
大陸：北京燕山（書名：《背德者・窄門》）／李玉民等譯

紀德的一生無論在政治還是創作方面都充滿矛盾，但是我行我素、驚世駭俗的特點，卻貫徹始終。《窄門》是一本日記體小說，寫少女阿莉莎既和表兄相愛，渴望享受人間的幸福，又擔心情慾會影響她日後進入天堂，所以極力克制自己，最後因身心交瘁而病逝，使一場美滿姻緣化為泡影。天堂的門太窄了，我們是應該用清教徒的戒律束縛自己的天性，不惜一切擠進天堂，還是順其人的天性、享受現世的幸福呢？阿莉莎是值得同情還是死得毫無價值呢？無論如何，紀德在1947年獲得諾貝爾文學獎，表明他在作品裏宣揚的道德觀念已經產生了廣泛的影響。

LE HUSSARD SUR LE TOIT

屋頂上的騎兵

尚‧吉歐諾（Jean GIONO, 1895-1970）

版本參考
台灣：皇冠／林志芸譯
大陸：譯林（書名：《屋頂輕騎兵》）／潘麗珍譯

吉歐諾是一位鄉土作家，擅長描繪故鄉馬諾斯克的田園景色和自然景象。可是《屋頂上的騎兵》的背景卻是霍亂流行的時期，主人公昂日洛是一個騎兵上校，他在經過的村莊裡不見人煙，連醫生都染病死去了。他來到馬諾斯克，受到害怕傳染的村民的排斥，他只能在屋頂上生活，與貓為伴，但是他極力救治病人，為死者擦拭屍體，決心為人類的幸福而奮鬥到底。這個世界顯然是吉歐諾想像出來的，是第二次世界大戰災難的標誌，也是人與人互不理解和信任的現代社會的象徵。

LES MISERABLES

悲慘世界

雨果（Victor HUGO, 1802-1885）

版本參考
台灣：貓頭鷹／李玉民譯
大陸：人民文學／李丹譯

雨果是法蘭西不朽的民族詩人、浪漫主義戲劇的傑出代表，然而他最重要的傳世之作卻是長篇小說《悲慘世界》。雨果以詩人的目光去觀察生活，充滿了豐富的想像和強烈的激情；同時他又懷抱濟世救民的理想，要解決「本世紀的三大問題：男人因窮困而道德敗壞，女人因饑餓而生活墮落，兒童因黑暗而身體屠弱」，從而充分地揭露了社會的黑暗，表達了對貧苦人民的深切同情。這就歷時30餘年進行構思和創作的巨著，是宣揚以人道主義思想杜絕罪惡和拯救人類的頂峰之作，具有震撼人心的藝術力量。

LES ADVENTURES D'ARSENE

亞森羅蘋全集

勒布朗（Maurice LEBLANC, 1864-1941）

版本參考
台灣：東方出版／鄒瘦鵑譯
大陸：群眾出版社（書名：《亞森‧羅蘋探案全集》）／林青、管筱明、金龍格等譯

人人都知道英國偵探福爾摩斯，也許還不知道法國有個大偵探亞森羅蘋，這是法國作家勒布朗在身患重病的情況下，盡畢生之力塑造成功的形象。只是法國文壇一向不重視偵探小說，亞森羅蘋才不如福爾摩斯那麼有名。其實亞森羅蘋既是伸張正義的大俠，又是劫富濟貧的大盜，他的故事之多遠遠超過福爾摩斯，共有22卷，而且往往與世界大戰等歷史事件結合在一起，而且在《亞森羅蘋智鬥福爾摩斯》中，他比福爾摩斯還略勝一籌呢。

TRISTES TROPIQUES

憂鬱的熱帶

李維史陀（Claude LEVI-STRAUSS）

版本參考
台灣：聯經／王志明譯

「我恨旅行和旅行者」，儘管作品的開篇是一句如此悖理的話，他還是表現出了對旅行的特別熱愛。作者回顧了自己從1935年起在美洲，在亞洲，尤其是在南美洲的旅行，充滿異國情調的回憶令人嚮往不已。不過，這部書也不是純粹意義上的遊記或探險記，作者在書中還重新描繪了他自己作為一個年輕的哲學教授，是如何與巴西的印第安人一起，投入艱辛而又有意義的人類學考察。當然，你也可以把它讀成是一部文學色彩極濃的自傳，畢竟，作者在書中揭示了自己對自然社會、古人類社會中各種事物的感受，在他眼中，熱帶還是「憂鬱」的。

L'OISEAU BLEU

青鳥

梅特林克（Maurice MAETERLINCK, 1862-1949）

版本參考
大陸：外國文學出版社（書名：《梅特林克戲劇選》）／張裕禾、李玉民譯

梅特林克是用法語寫作的比利時作家，在散文和戲劇方面取得了卓越的成就，因而在1911年獲得了諾貝爾文學獎。《青鳥》（1905-1908）是他最著名的代表作，是一部直到今天仍在舞臺上演出的六幕夢幻劇。它通過兩個孩子尋找青鳥的故事，表現了人類對幸福的渴望和追求，闡明了人只有為別人的幸福著想，自己才會幸福的哲理。劇本成功地採用了擬人化等象徵主義手法和聲、光、影等藝術手段，形式新穎、充滿活力，所以連莫斯科都立即上演了這個劇本，而且由著名戲劇藝術家斯坦尼斯拉夫斯基導演。

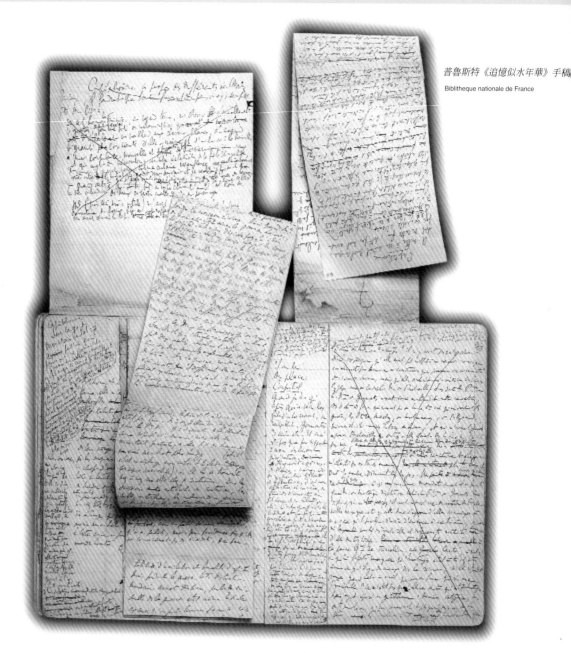

普魯斯特《追憶似水年華》手稿
Biblitheque nationale de France

LE TESTAMENT FRANCAIS

法蘭西遺囑

安德烈・馬金尼（Andre Makine）

版本參考
台灣：先覺／尹玲譯

一個俄羅斯人用法語寫的法語作品，獲得了法國人最看重的文學獎——龔固爾文學獎，同時還得了梅迪西獎。而且作品也在談法蘭西文化，儘管它不算是一種「遺囑」。作者（小說的敘述者）的祖母是法蘭西人，她在遙遠的俄羅斯大地上繼續對她的兒孫們灌輸著法蘭西文化。在茫茫的西伯利亞平原上，四分之一法國血統的俄羅斯小男孩對巴黎、塞納河、法蘭西文學產生了一種認同感，仿佛自己就是這文化的繼承者。多年後，當馬金來到巴黎，進入索爾邦學院攻讀法國文學時，他的血脈中早就有了從老祖母那裏遺傳的法蘭西文化基因了。那不是「遺囑」，那眞正是一種「遺傳」。

CONTES ET NOUVELLES

莫泊桑短篇全集

莫泊桑（Guy de MAUPASSANT, 1850-1893）

版本參考
台灣：志文／胡南馨等人
大陸：上海譯文（書名：《莫泊桑中短篇小說全集》，共20冊）郝運、王振孫、趙少侯譯

莫泊桑是享譽世界的「短篇小說之王」，他在短短10年的創作生涯裡，僅中短篇小說就有300多篇。其中描寫普法戰爭的《羊脂球》、《兩個朋友》，反映公務員生活的《項鏈》、《我的叔叔于勒》，以及描繪他的故鄉諾曼第風情的《泰裡埃公館》等等，都是膾炙人口的名作。他的作品大多是他的親身經歷，而且構思巧妙、惜墨如金，每一篇都各有特色。他善於從日常小事中以小見大，描繪出種種生動的人情世態，讀後常令人生出無限感慨、回味無窮。

CONTES ET NOUVELLES
莫里亞克小說選
莫里亞克 （François MAURIAC, 1885-1970）

版本參考
大陸：外國文學／楊維化等譯

莫里亞克去世後，法國政府爲他舉行了國葬，戴高樂總統在悼文中，將他譽爲「嵌在法國王冠上的最美的一顆珍珠」。他能夠獲此殊榮，都緣於他在60年裏創作的多達100卷以上的作品，特別是《給麻瘋病人的吻》、《愛的荒漠》和《蛇結》等優秀的小說。他的小說揭露的都是資產階級家庭裏的悲劇，人物的身上往往充滿了狂暴的激情，或是肉慾、或是貪財，他善於揭示出人物內心深處的的奧祕，剖析起來往往入木三分。這種深刻的洞察力，是他在1952年榮獲了諾貝爾文學獎的主要原因。

HISTOIRE DE LA REVOLUTION FRANCAISE DEPUIS 1789 JUSQU'EN
1814
法國革命史
米涅 (François MIGNET, 1796-1884)

版本參考
大陸：北京商務印書館

米涅是十九世紀時著名的歷史學家，當選爲法蘭西學院院士。除了《法國大革命史》外，還寫過很多的歷史著作。法國大革命對法國、歐洲乃至全人類的影響十分巨大，而這次大革命給後人帶來的正面和負面的作用，仍是今天的歷史學家討論不清的問題。米涅的這部著作是這方面探討早期作品之一，有著重要地位，但後來又有儒勒·米什萊(Jules Michelet)的《法國大革命史》(1853，兩卷)，雖說它過分求助於象徵性的解釋，但在對法國民眾介紹這一大革命方面起了重要作用。到二十世紀，又有的索布林(Soboul)的《法國大革命》和孚雷(François Furet)的《對法國大革命的思考》(1978) 等重要著作。這些作品各有各的特色，讀者可以參照著閱讀。

LE TARTUFFE
僞君子
莫里哀 （MOLIERE, 1622-1673）

版本參考
大陸：人民文學出版社／趙少侯譯

莫里哀是優秀的劇作家、導演和演員，是法國古典主義戲劇的創始人。他的喜劇或是諷刺貴族，或是嘲笑資產者，或者兩者兼而有之。《僞君子》是他的代表作，劇中的騙子達爾杜弗僞裝虔誠，其實卑鄙之極，一心只想佔有別人的財產和妻女，所以「達爾杜弗」從此在法語裡就成了「僞君子」的同義詞。《僞君子》至今仍是法蘭西喜劇院的保留劇目，但在當時被多次禁演，莫里哀死後教會連墳地都不給他，由此可見劇本對宗教騙子的諷刺是多麼深刻和無情。

ESSAIS
蒙田隨筆全集
蒙田 （Michel de MONTAIGNE, 1533-1592）

版本參考
台灣：台灣商務印書館
大陸：譯林／馬振騁、徐和瑾、潘麗珍等譯

蒙田是法國中世紀重要的思想家和散文家，隨筆體裁的開創者。他主張尊重社會秩序和風俗習慣，順乎人的天性去追求幸福和快樂，體現了文藝復興時期的人文主義思想。他在閱讀古希臘羅馬作品時寫了許多心得筆記，並且結合社會現實和切身經歷進行思考，最後整理成3卷《隨筆集》。他的論述涉及哲學、宗教、戰爭、教育、科學和生活等各個方面，語調從容自然、態度平易近人。他雖然博古通今，卻總是自問「我知道什麼呢」，所以他的思想被稱爲「懷疑論」，他的思想、文體和風格對後世都很有影響。

DE L'ESPRIT DES LOI
論法的精神
孟德斯鳩 （MONTESQUIEU, 1689-1755）

版本參考
台灣：台灣商務印書館／張雁深譯
大陸：北京商務印書館／張雁深譯

孟德斯鳩是法國啓蒙運動的思想家和作家，他的貢獻主要在於寫了西方的古典理論名著《論法的精神》。這是一部體系完整的理論著作，提出了一整套爲資產階級登上歷史舞臺服務的政治和法律理論，如國家政體的三權分立說和政體分類論等，在美國的《獨立宣言》和法國1789年的《人權宣言》都有所體現，中國早在1913年就由嚴復從英文轉譯成中文，名爲《法意》，由此可見這部著作的巨大影響。孟德斯鳩提出的地理環境決定論，也爲後世的社會學批評提供了依據。

PENSEES SUR LA RELIGION ET SUR QUELQUES AUTRES SUJETS

思想錄：論宗教和其他主題的思想
巴斯卡（Blaise PASCAL, 1623-1662）

版本參考
大陸：北京商務印書館／何兆武譯

巴斯卡是法國著名的數學家、物理學家、哲學家和散文作家，他在12歲時就由於對歐幾里德的一個數學命題有新的發現而成為梅塞納科學院的院士。巴斯卡全家篤信天主教，他對冉森派的著作尤為折服。他在生前曾經想寫一部《為基督教辯護》，去世時留下了60餘札卡片，都是雜亂無章的筆記。他生前的幾位好友把這些雜文整理為27章，並且根據巴斯卡強調「人是會思想的蘆葦」的觀點，把雜文集定名為《思想錄》。

A LA RECHERCHE DU TEMPS PERDU

追憶似水年華
普魯斯特（Marcel PROUST, 1871-1922）

版本參考
台灣：聯經出版
大陸：南京譯林

一生為氣喘所苦的普魯斯特，住在巴黎那用厚厚的軟木來隔音的公寓裡，在極端的孤寂中，追憶青春往事，一字一字寫下這一部影響二十世紀文學書寫方式的巨著。他先完成了第一部「貢布雷」及最後一部「重現的時光」，而後有如進入記憶的迷宮一般，他把小說擴增到七部的長度，整個巴黎當時的社會生活、感情流動、戰爭恐懼、迷離愛情，竟有如被埋在火山下的城市一般，長久的凝結在他的小說。閱讀《追憶似水年華》的樂趣，在於用吃法國菜的心情，拉長時間，細細品味，自在而放任的，隨意喝一口紅酒，來一杯咖啡，隨著它的感覺飄浮。那味道才會慢慢浮現。

GARGANTUA ET PANTAGRUEL

巨人傳
拉伯雷（Francois RABELAIS, 1494-1553）

版本參考
大陸：上海譯文／成鈺亭譯

拉伯雷是一個醫生，他在為患者治病的同時，也寫些故事讓他們消遣。他在民間傳說的啓發下寫作了《巨人傳》，通過巨人父子追求學問的過程，運用淵博的科學知識嘲弄封建制度和教會統治，為了逗人發笑而大量運用了希臘語、拉丁語乃至各種粗俗的方言土語，嬉笑怒罵、全無顧忌，結果不但拉伯雷被稱為「偉大的笑匠」，而且《巨人傳》也由於提出了培養「全知全能的人」、「做你所願做的事」等體現人文主義理想的口號，而成為文藝復興時期的一部宣揚個性解放的傑作。

解釋學與人文科學
利科 (Paul RICOEUR)

利科早年致力於存在主義和現象學的研究，提出了意志現象學學說。他從20世紀60年代初轉向「解釋學現象學時期」，後來又關注語言哲學問題，擴大了解釋學的研究範圍，因而成為現象學解釋學的代表。利科認為理解的本體論只能存在於解釋的方法論中，所以他在這部著作中試圖確立一種普遍有效的解釋理論，並且最終設計出一種解釋的方法論。他的研究對於精神分析學、語言學、歷史學、論理學和政治學等人文學科產生了很大的影響，尤其對於人文科學中的「解釋的轉移」有關鍵的作用。

RECUEIL DE POEMES

韓波詩文集
韓波（Arthur Rimbaud, 1854-1891）

版本參考
台灣：桂冠

韓波的《醉舟》始終是法國人最喜愛的詩篇之一。而韓波本人，則永遠給人一種反叛、激進、天才、變化無邊的印象。「我熟悉霹靂發出閃光的天庭，龍捲風，驚濤駭浪和狂風怒飆……」他的詩中有夢幻，有感覺，更有思想。與魏爾倫同性戀關係中斷後寫下的《地獄的一季》，讓世人看到了多種身分，多種性格的韓波，一各充滿著矛盾的韓波：無辜感和負罪感，壓抑和屈服，反抗和懲罰，詩意中的和諧和現實生活中的無法和諧……而在《彩畫集》（又譯《靈感集》）中，讀者見到的，是年輕的韓波那並不簡單的經歷的蹤影：人生的變故、內心的孤獨、不懈的探索、深深的痛苦……

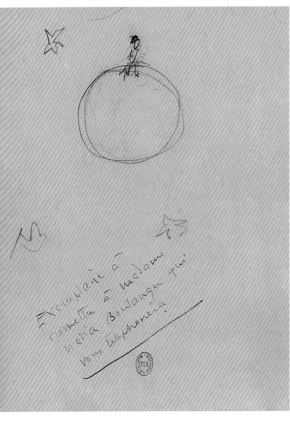

羅曼・羅蘭是舉世聞名的作家和人道主義者。他榮獲1915年度的諾貝爾文學獎，除了他堅決反對戰爭的立場之外，主要在於他寫作了10卷本的巨著《約翰・克利斯朵夫》。音樂家約翰・克利斯朵夫是依靠個人的頑強奮鬥來主宰生活的英雄，他的生活裡充滿了奮發向上的激情，但是在歷經坎坷之後，他最終認識到只有博愛精神才是人類歡樂和幸福的源泉。這種人道主義的美好理想，在世界上產生了廣泛而深遠的影響，所以小說在1937年由傅雷先生譯成中文之後曾多次再版。

CYRANO DE BERGERAC
大鼻子情聖
羅斯丹（Edmond ROSTAND, 1868-1918）

版本參考
台灣：遠流／王若璧譯
大陸：作家出版社（書名：《西哈諾》）／方於譯

羅斯丹是法國19世紀末重要的喜劇家，最重要的作品是五幕英雄戲劇《西哈諾・德・貝熱拉克》。西哈諾才華出眾，但是長了個大鼻子，所以把對表妹的愛情藏在心中，反而替表妹喜歡的小夥子寫情書給她，以成全她的幸福。小夥子在戰爭中陣亡後，他每天都去看望她，15年如一日，然而直到他負傷去世之前她才明白了真相。羅斯丹的喜劇不同於男女之間卿卿我我的誤解鬥氣，而是充滿了壯士扼腕的慷慨和崇高聖潔的理想，這是法國浪漫主義戲劇衰落後再度復興的重要原因。

DE COMTRAT SOCIAL OU PRINCIPES DU DROIT POLITIQUE
社約論
盧梭（Jean-Jacques ROUSSEAU,1712-1778）

版本參考
台灣：台灣商務印書館
大陸：北京商務印書館

法國大革命推翻了封建統治，緣於啓蒙運動奠定了現代民主的基礎，而功勞最大者又首推盧梭。他的《社約論》是一部政治理論著作，它批判了強者擁有特權、奴役天生合理之類的封建法權觀念，主張一切權力屬於人民，在法律面前人人平等；國家應該是人民訂立的社會契約的物，只有全體社會成員約定的社會契約，才可以成為人間一切合法權威的基礎。這部世界政治學說史上最著名的經典文獻，對後世的革命產生了很大的影響，盧梭提出的天賦人權、自由平等和主權在民的思想，在美國的《獨立宣言》中已經有所體現，在法國大革命中則被寫進了《人權宣言》，成為雅各賓派的政治綱領。

L'ART
羅丹藝術論
羅丹（Auguste RODIN, 1840-1917）

版本參考
台灣：雄獅／傅雷譯
大陸：中國社會科學出版社（《羅丹藝術論》，插圖珍藏本，1999年）／傅雷譯

把人體凝固在石頭上，或者說，給石頭以生命是雕塑家的工作。這是沈默的工作。歐洲雕刻史上第一個高峰是菲狄阿斯，第二個高峰是米開朗基羅，而羅丹是第三個高峰。像前兩位大師一樣，羅丹也沒有著書，只是把他對美的感受凝刻在「思想者」、「巴爾札克」等作品中。有幸的是，在他晚年的時候，他的朋友葛賽爾記錄了他們在羅丹的默東工作室和羅浮宮等地談論藝術的言論，從而得以把羅丹對藝術的見解和經驗傳授給年輕的藝術家們，留給後人，這就是《美術論》。帶有插圖的《羅丹藝術論》，不但有羅丹的、也有他們談到的繪畫和雕塑。讀羅丹的話語可以理解作品，看了作品更會理解羅丹的話語的精髓。

JEAN CHRISTOPHE
約翰・克利斯朵夫
羅曼・羅蘭（Roman ROLLAN, 1866-1944）

版本參考
大陸：人民文學／傅雷譯

法國文豪雨果手稿　Biblitheque nationale de France

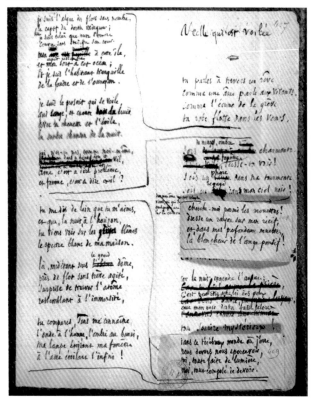

LE PETIT PRINCE
小王子
安東尼・聖艾修伯里（Antoine de SAINT-EXUPERY, 1900-1944）

版本參考
台灣：天肯／阮若缺譯
大陸：中國少年兒童出版／胡雨蘇譯

一位出生入死、最後英勇犧牲的飛行員，竟能寫出《小王子》這樣優美的哲理童話，初看之下令人難以置信，其實真正顯示了作者高尚的心靈。聖艾修伯里長年在空中飛行，忍受著無比的寂寞和孤獨。由沙丘、星星、月亮、海面等等構成的廣袤而又寂靜的背景，正是他馳騁想像力的天地。一個來自別的星球的小王子，向他講述了自己單純的生平，對旅途中碰到的形形色色的怪人表示不可理解，他以兒童的純樸和天真，反襯出大人們的膚淺與虛榮，生動地證明了物質的豐富無法彌補精神匱乏的真理。

L'ETRE ET LE NEANT
存在與虛無
沙特（Jean-Paul SARTRE,1905-1980）

版本參考
台灣：貓頭鷹
大陸：三聯書店／陳宣良等譯

沙特是著名的存在主義哲學家和文學家，他除了用許多劇本和小說來宣揚存在主義的哲理之外，也寫有一些闡述存在主義哲學的專著，其中最重要的就是《存在與虛無》（1933），這是他的哲學體系形成的標誌。在這部巨著中，沙特把存在分為「自在的存在」和「自為的存在」，提出了「存在先於本質」的基本論點。他認為世界是荒誕的，人生是痛苦的，但是人可以不斷地進行自由選擇，同時為自己的選擇承擔責任，因此他的存在主義是一種人道主義。沙特的理論和作品在二次大戰以後產生了極大的影響，他在1964年還謝絕了頒發的諾貝爾文學獎。

MARCELIN CAILLOU
瑪塞林為什麼會臉紅
作者：桑貝（Jean-Jacques SEMPE, 1932 -）

版本參考
台灣：星月書房／劉美欽譯

這是一本非常可愛的小書，不僅是插圖精美，充滿童趣。更重要的是它有一種溫暖的感覺。故事非常簡單，一個從小就容易

BONJOUR TRISTESSE
日安・憂鬱
莎岡（Françoise SAGAN）

版本參考
台灣：大地／李牧華譯
大陸：中華／馬君武譯

這部非凡的小說佳作，出自當時年僅十九歲的姑娘莎岡之手，作品在發表的當年就獲得了批評獎。後來，它竟然成為了「新浪潮」的象徵之一。女主人公塞西爾是一個小姑娘，她和品行放蕩的父親一起過著無憂無慮、舒適的日子。只因為父親認識了一個在世人眼中的正派的女子安娜，只因為安娜不希望小姑娘再過那種無拘無束的生活，塞西爾便處處作梗，阻撓父親和安娜的愛情。最後，那個不幸的女子甚至丟了命，當然，她不是小姑娘直接害死的……從這部處女作開始，莎岡為自己的小說設定下了一種挖苦的、瀟脫的、帶著淡淡的憂愁的調子。儘管她以後幾乎所有的小說都帶有這樣的調子，但沒有一部比得上這部《日安・憂鬱》。

臉紅的孩子（哪一個孩子不曾臉紅過），因為臉紅而特別內向害羞。他一直封閉在自己的世界裡，直到有一天，他遇見另一個愛打噴嚏的朋友，他們變成了好朋友。長大以後，他們在街頭相遇，一樣會臉紅，一樣害羞卻真誠的互相關心著。這書給孤獨者一種淡淡的，然而深情的溫暖。

LE ROUGE ET LE NOIR
紅與黑
斯湯達爾（STENDHAL, 1783-1842）

版本參考
台灣：桂冠／黎烈文譯
大陸：上海譯文／郝運譯

斯湯達爾是在生前並未受到應有的重視，他曾預言到1880年才會有人讀他的作品。現在《紅與黑》（1830）已被公認為法國第一部批判現實主義的傑作。在拿破崙垮臺之後，想要飛黃騰達的青年就無法再穿戰士的紅色軍裝，只有去當穿黑袍的神父了。于連靠自己的奮鬥和裙帶關係，曾經一度青雲直上，但最終還是落得了可悲的結局。封建社會的門第觀念應該批判，人人都應該有平等的機會，然而這在現實之中幾乎是不可能完全做到的，所以怎樣走自己的路，《紅與黑》也許還有啟示的作用。

LE TOUT DU MONDE EN 80 JOURS
環遊世界八十天
凡爾納（Jules VERNE, 1828-1905）

版本參考
台灣：宏文館（書名：《環遊地球八十天》）
大陸：中國青年（書名：《八十天環遊地球》）／沙地譯

凡爾納是舉世聞名的科幻作家，靠著豐富的科學知識和非凡的想象力，他一生創作了66部科幻小說。這些從地球到月球、從天空到海底的旅遊，不但讀來引人入勝，而且符合科學原則，不少已被後世的現實所證明。《環遊世界八十天》是其中的優秀作品。主人公與人打賭要在八十天之內環遊地球一周，結果歷盡艱險之後還是遲到了幾分鐘，但最後卻仍然獲得了勝利。凡爾納把想像的事情寫的如此生動逼真，讀了之後才真正令人歎服。

CANDIDE
憨第德
伏爾泰（Francois de VOLTAIRE, 1694-1778）

版本參考
台灣：桂冠／孟祥森譯
大陸：江西人民出版（書名：《贛第德》）／徐志摩譯

伏爾泰是大名鼎鼎的啟蒙思想家和作家，他寫了一輩子的詩歌和戲劇，但是流傳下來的卻是幾篇哲理小說。「憨第德」在法語裡的意思就是老實人，他是個男爵的私生子，從小受到哲學家邦葛羅斯博士的教育，相信老師關於一切都盡善盡美的詭辯。但是他們的經歷卻多災多難，悲慘之極，最後終於認識到這個世界上「滿目瘡痍，到處都是災難」，不再相信老師的樂天主義了。伏爾泰是擅長諷刺的語言大師，小說的文筆犀利幽默，讀來饒有趣味，是伏爾泰最有價值的作品之一。

MEMOIRES D'HADRIEN
一個羅馬皇帝的臨終遺言
尤瑟納（Marguerite YOURCENAR,1903-1987）

版本參考
大陸：花城／劉板盛譯

尤瑟納是法蘭西學院迄今為止僅有的一名女院士，她的特色是不寫自己，只寫歷史。她的歷史小說與眾不同，不只是整理史料，而是以第一人稱、以古人的口吻來寫回憶錄。回憶錄不同於歷史小說或演義，需要符合歷史事實的資料和客觀的描繪。《一個羅馬皇帝的臨終遺言》寫的是古羅馬皇帝阿得里安對自己一生的回憶，其中有輝煌的成功，也有失敗的教訓，後人可以由此探討人類發展的方式，以及羅馬的繁榮和衰落的原因。

L'ASSOMMOIR
酒店
左拉（Emile ZOLA,1840-1902）

版本參考
台灣：遠景／宋碧雲譯
大陸：人民文學（書名為《小酒店》）／王了一譯

左拉是法國自然主義文學流派的領袖，主張真實客觀地描寫生活，強調人的生理本能和遺傳性。《酒店》是他的代表作。其中對窮人因酗酒而墮落的過程的描寫，在今天看來也許司空見慣，但是在一百多年前卻是驚世駭俗，足以引起轟動。現在來讀這部小說，恐怕除了內容之外，更重要的意義也許是從中獲得的啟示：人類與那時相比到底有了多少進步，是否還在受到酒精、或者比酒精更可怕的東西的毒害。　■

讓美麗不會消失在時間之河
閱讀《追憶似水年華》的心情

要了解法國文化，不能不讀法國文學。要了解法國文學，不能不讀《追憶似水年華》。然而，普魯斯特的這部名著，儘管風華絕代，但也卷帙浩瀚。因此，閱讀《追憶似水年華》，需要一種心情。

＋楊渡

Bibliothèque nationale de France

普魯斯特使用的筆記本封面。

讀普魯斯特的小說，有一種近乎讀紅樓夢的感覺。時間才是真正的主角。人只是時間之河裡的浮游生物。有一種悲哀，卻帶著更深的珍惜。紅樓夢寫的是一個皇親國戚的大家族，如何由興盛的極致，走到沒落的盡頭。每一個人物在一開始，就有了自己命定的道路。彷彿人只是沿著早已由夢中的仙子寫好的詩句，走下去，而一切都註定要走到盡頭，在虛空中結束。

而《追憶似水年華》則是用極盡細緻的筆法，將二十世紀初的法國，上流社會的生活，作一個完整而全面的描繪。但一切終將消失在大的毀滅裡，消失在時間之中。

一個時代的風流

普魯斯特寫作的當時，是以這樣的心情在寫一個時代的任性與風流，因而他筆下的人物，無論是言談舉止、眼波流動、劇場裡的耳語、上流社會的男女情愛、郊外山林裡的散步，都留下了紀錄。

也正因為背後有著大虛無、大毀滅的背景，這小說中的美麗容貌、情愛耳語、無聊的午後時光的幻想、女子間的小小的爭風吃醋、劇場裡斜視的眼神……總之，它的一切細節，就變成一種沈痛。彷

佛你只能看著它，消失在時間裡。

紅樓夢也一樣。如果只是一個家族裡的愛情，它只能變成是一群女人的耳語和風月故事。你甚至會認爲，這些無聊的妯娌間的瑣碎小事，這種男孩子成長過程中的愛情想像，貴族生活中的迷戀與沈淪，有什麼意義？然而，正因爲整部小說要處理的是人面對時間的虛空，人的終極虛無，它就有了深度的悲劇意識。

某一個春天裡，將飄落的花朵埋葬的黛玉，她所流下的眼淚，和某一個黃昏，細細描過眉毛，準備出門的蓋爾芒特夫人的回眸一笑，其實是一樣的重要。因爲在曹雪芹與普魯斯特的記憶中，她們與永恆等同。只有這記憶，讓美麗不會消失在「時間」之河中。

「他們像潛入似水年華的巨人，同時觸及間隔甚遠的幾個時代，而在時代與時代之間，被安置上那麼的的日子──那就是在時間之中。」

這是普魯斯特《追憶似水年華》最後的句子。像不像是曹雪芹在爲紅樓夢寫作的心情？

紅樓夢的心情

如果用看紅樓夢的心情，看七大部《追憶似水年華》，就不會覺得太累。沒有人會想一天之內讀完紅樓夢吧？當然，你也就不必急著把《追憶似水年華》讀完。想像著一種隨風飄蕩的心情，想像著自己要進入十九世

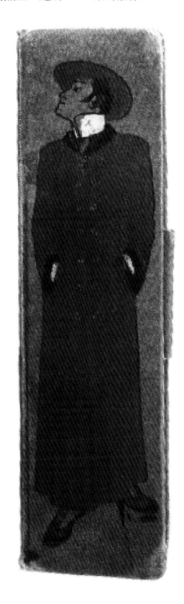

紀末、二十世紀初的巴黎，去體會他們的風流和耳語，讀起來反而會輕鬆愉快。讀不完也沒有關係，下一次用一種隨時翻閱的心情，走進去，走出來。你也不必非要得到什麼偉大的感受不可。反正普魯斯特寫的是意識的流動，你只要跟著感覺走，就對了。這正如你特別喜歡紅樓夢的某一段，可以反覆看看一樣。

有時書中出現精彩描寫，你也就不妨停下來，細細的品味一下。誰說，在看羅浮宮的時候，不能停下來喝咖啡？

像我就特別喜歡第七部《重現的時光》裡，有關戰爭的想像。這時，法國與德國已經開戰，德國部隊不斷向前推進。夏呂斯先生用一種憤憤不平的口吻說：「我不知道他爲什麼不演奏，人們藉口打仗就不演奏，但人們還跳舞，還在市裡設晚宴。婦女們爲自己的皮膚創造了琥珀色。如果德國人還要向前推進，那些歡樂的晚會也許會充斥我們龐貝城的未來。這將把它從輕浮中挽救出來。」

講著講著，這個夏呂斯先生竟激動起來，浮想連篇。他說：「只要德國某個維蘇威火山（他們海軍的炮火像一座火山一樣厲害）的熔岩，在他們梳妝打扮的時候突然襲擊他們，中斷他們的動作，並使它永遠保存下來。以後的孩子就能在有插圖的課本中，看到莫萊夫人在赴嫂子家的晚宴之前，抹上的最後一層脂

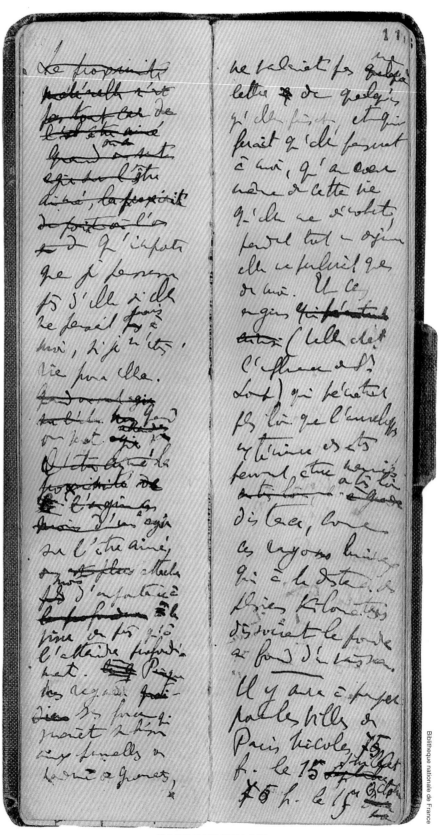

普魯斯特使用的筆記本內頁。

粉。或是索斯坦娜‧德‧蓋爾芒特下畫完她的眉毛……這將是未來布里肖上課的內容。一個時代的輕浮，在經歷十個世紀之後，就是最嚴肅的研究課題。」

追尋著普魯斯特特別的想像，如果巴黎，在一個刹那被凝固，像維蘇威火山把龐貝古城給封存在一個不變的時間裡，一個刹那的瞬間，那會是什麼景象呢？於是我們會留下什麼？一個時代的輕浮？一個時代的風流？琥珀色的皮膚？脂粉的面容？幾世紀之後，考古學者會如何觀察呢？

記憶的小鈴鐺

普魯斯特在他的散文〈回憶的風俗畫〉寫過：

「我們的某些回憶猶如我們記憶中的荷蘭風俗畫，畫中的人物往往身世平庸──取材於他們生活中十分平凡的瞬間，沒有莊嚴的事件，有時甚至根本沒有事件，背景既不奇特也不宏大。個性的自然淳樸以及場的清白純真，使畫面有趣可愛，把畫面與我們隔開的柔和光線使畫面沉浸在美之中。」

然而，普魯斯特想做的不僅這些。童年時代，他聽見斯萬先生離去的腳步聲，判斷媽媽很快會上樓來，小鈴鐺要發出清脆、叮叮咚咚的聲響，他聽見那聲音，他期待那聲音。幾十年過去之後，他坐在蓋爾芒特夫人的家，聽到一樣的小鈴鐺叮咚作響，這鈴聲帶他想到每一椿往事，所有他背負的往昔……這鈴聲帶著他走進記憶的隧道。

他想留下一個時間裡的痕跡，一個準確的記憶，最後，他才意識到「有整整這麼長一段時間，被我沒有間歇地活過來了，想過來了，分泌出來了。這便是我的生活，這便是我自己。」

這些話，是不是讓人想到在貧困交加的生活中，還依靠著記憶在寫紅樓夢的曹雪芹。

我們不能說普魯斯特是法國的曹雪芹，但他們對記憶的深情，對過往人物與時代的刻劃，卻有著相同的執著，也一樣迷人。

在我心中，他們是應該泡在同一個酒館，或一起喝咖啡的同一種調子的朋友。　　　　　■

《星空中的普魯斯特》
Proust Among the Stars
麥爾孔‧鮑義（Malcolm Bowie）著，廖月娟譯
出版：聯經出版公司
作者劃破時間流的界限，藉精準的文字橫向剖析反覆出現於普魯斯特書中如自我、藝術、時間、性和死亡等主題。對於對厚厚七冊《追憶似水年華》卻步不前的讀者而言，《星空中的普魯斯特》是扇開啟神祕星空大門的書。

《普魯斯特》
威廉‧參孫（William Sansom）著，林說俐譯
出版：貓頭鷹出版社
這本書是普魯斯特的傳記，讀者可以藉由此書進入普魯斯特創作的時空背景，了解這位作家在自傳性色彩濃厚的創作背後，孱弱外貌、氣喘體質、猶太人血統、纖細敏銳的情感，到客觀環境所影響的內心思維，及他一生的經歷……

普魯斯特如是說
http://www.proust.com

這是Proust Said That雜誌的網路版，這份雜誌由舊金山當地的普魯斯特讀書會所編，刊物根據財務的狀況決定發行期數，平均一年兩期。網站內容介紹普魯斯特的生平、作品、個人喜好及討論其作品的文章。

追憶似水年華
http://www.tempsperdu.com

一個愛好普魯斯特的讀者設計的網站，內容蒐羅了他在閱讀《追憶似水年華》這本書時所搜尋的各種資料。其中有普魯斯特的生平記事、文章下載、普魯斯特讀書會及一些探討他作品的文章，還提供許多相關網站的連結。

Marcel Proust
追憶似水年華
À la recherche du temps perdu

漫畫版有另一種閱讀的美感。這是〈在斯萬家那一邊〉的一節。

原著／普魯斯特　漫畫／Stéphane Heuet
漫畫由法國Delcourt出版社授權使用／譯文由商流傳承出版社授權使用

媽媽那天晚上就待在我的房裡了。
我應該感到高興，然而我不高興。

我覺得，我取得勝利是跟她作對；我覺得那天晚上開始了一個新紀元，
而且將成為一個不光彩的日子留傳下來。

就這樣，
在很長一段時期內，
每當我半夜夢中回憶及貢布雷的時候，
就只看到這麼一塊光明，
孤零零地顯現在茫茫黑暗之中。

似乎貢布雷只有樓上樓下，
由一部小小的樓梯連接上下，
似乎只有晚上七點鐘這一時辰。

回想貢布雷，
我絕不會自願地
去回想貢布雷的其他事、其他時刻。
它們在我的心目中其實早已死了。

永遠消亡了？可能吧。

往事也一樣。我們想方設法追憶，
總是枉費心機，絞盡腦汁都無濟於事。
它藏在腦海之外，非智力所能及；
它隱藏在某件我們意想不到的物體之中。

而那件東西我們在死亡之前能否遇到，則全憑偶然，
說不定我們到死都碰不到。

『欸，瑪德蘭甜餅？』

尼可拉跑到糕餅店買的。

一種舒坦的快感傳遍全身，我感到超塵脫俗，
卻不知出自何因。

不用說，在我的內心深處搏動著的，
一定是形象，一定是視覺的回憶，
它同味覺聯繫在一起，
試圖隨味覺而來到我的面前。

"... bientôt l'heure de la me..."

"... bonjour, tante Léonie..."

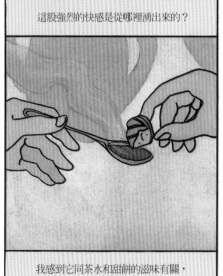

這股強烈的快感是從哪裡湧出來的？

我感到它同茶水和甜餅的滋味有關，
但它又遠遠超出滋味，
肯定同味覺的性質不一樣。

顯然我所追求的真實
並不在於茶水之中，
而在於我的內心。

我得十次、八次得再努力。

這渺茫的回憶，
最終能不能浮升到
我清醒的意識的表面？

然而，回憶突然出現了。

"... bonjour, tante Léonie..."

那甜餅的滋味就是我在貢布雷時
某一個星期天早晨吃到過的『小瑪德蘭娜』的滋味，萊奧妮姨媽
把一塊甜餅放到不知道是茶葉泡的還是椴花泡的茶水中去浸過之後送給我吃。

早啊，萊奧妮姨媽……

就像日本人愛玩的那種遊戲一樣：
他們抓一把起先沒有明顯區別的碎紙片，
扔進一隻盛滿清水的大碗裡，
碎紙片著水之後便伸展開來，
出現不同的輪廓，泛起不同的顏色，
千姿百態，變成花，變成閣樓，變成人物，
而且人物都五官可辨，鬚眉畢現；

同樣，那時我們家花園裡的各色鮮花，
　還有斯萬先生家花園裡的奼紫嫣紅，
　　還有維福納河塘裡飄浮的睡蓮，
　還有善良的村民和他們的小屋，還有教堂，
　還有貢布雷的一切和市鎮周圍的景物，
　　全都顯出形跡，並且逼真而實在，
大街小巷和花園都從我的茶杯中脫穎而出。

法國漫畫的現狀 　**+李淑貞**

　　《路克》（Luckey Luke）？《亞力》（Asterix）？《丁丁》（Tintin）？《迪德夫》（Titeuf）？《斯皮猴》（Spirou）？《藍精靈》（Stroumpfs）？他們是什麼人？他們都是歐洲讀者耳熟能詳的漫畫人物，雖然不為台灣讀者所熟悉，但在歐洲讀者心中地位之重要，可與一百多年前巴黎、倫敦或柏林人崇拜的大仲馬小說中的主角媲美。如同三劍客，這些漫畫人物的形象已深深烙印在人們的腦海中，成為所有人共同的回憶。

　　在法國或比利時，人們通過這些通俗的漫畫人物開始學習閱讀和夢想，培養創造力、美感和幽默感。而且，如同在別的國家一樣，這些漫畫人物也填補了現代忙碌緊張的社會中孩子情感的空缺，漫畫人物不受現代社會種種問題的束縛，他們活在幻想的世界，他們還保留了人性和人情。歐洲漫畫與其它國家的漫畫不同之處在於，美國漫畫太天真，一旦讀者過了童年這個階段就會覺得乏味，而日本漫畫又太暴力，歐洲漫畫描繪的世界是接近真實的，讀者長大成人後仍然能夠讀得津津有味。

　　所以，歐洲漫畫是全家集體的樂趣，不僅爸爸喜歡、兒子喜歡，連女兒也喜歡。過去的時代裏，女孩子一般都不太喜歡漫畫。今天情況完全不一樣了，小女孩在識字前就開始狼吞虎咽爸爸的漫畫書，最後也跟男孩一樣成了漫畫迷。

　　當然，漫畫出版社從中受益匪淺、大發利市，例如在法國，漫畫書是出版業每年成長速度最快的書。1999年出版的漫畫書目超過1,000，比1998年增加了32%。每本書的平均發行量和其他種類的圖書相比也是最

1998年法國暢銷書冠軍：XIII

Dargaud提供

高的，1999年每本漫畫平均發行14,500本，這是法國其它圖書每本平均發行量的兩倍。漫畫書也是最暢銷的書，法國1999年十大暢銷書中有四本是漫畫書。《丁丁蘇聯歷險記》，仍然以銷售520,000冊名列第三名。

　　法國和比利時的出版社控制了80%的歐洲漫畫市場，需要強調的是，他們付出了很多的心血來投讀者所好。二次戰後，他們首先創造、銷售了許多的兒童漫畫，之後又陪伴讀者長大，推出了適合各種年齡讀者閱讀的新系列。今天，成人漫畫市場因而成熟、規模極大。

　　對於那些因為家庭的影響而沒有從小養成看漫畫習慣的人來講，出版社最近也專門為他們設計了新的漫畫概念，將一些文化性主題（例如世界名著）普及成漫畫，這些讀者終於再也抗拒不住漫畫的誘惑了，普魯斯特的《追憶似水年華》正是個例子。　　■

參考網站：

www.albin-michel.com；www.bd-angouleme.com

www.humano.com；www.casterman.com

www.dupuis-entertainment.com

www.kidcomics.com；www.lombard.be

www.marsupilami.com；www.dargaud.com

www.glenat.com

www.edititions-delcourt.fr

+ 李淑貞／小太陽歐洲連環畫協會會長。

北京人看法國 ＋孟湄

　　有一種別的法國，要去過不只一次，住過不只一個星期，你才會看到。比如你開車到法國的鄉下，你穿過一個又一個平凡的村鎮，有古老樸素的教堂，有安祥地坐在長條椅子的老年人，咖啡館的老闆或老闆娘認真地問你昨天有沒有看球賽。他們也看電視，他們也知道有股市，他們也有歌星影星大紅大紫，但他們的村子樸素而本色，比起越來越是同一個模樣的中國城市和縣城，那種平淡和本分讓你享受。

　　有一種別的法國人，你要和他或者她相處過一段時候，味道就慢慢出來了。比如法國女人是真的漂亮。但是很多漂亮的法國女人讓你非回頭轉身的不是她的外表，她們自己也好像和自己國家名揚全球的名牌時裝，和傳聞全球的風流浪漫是兩回事。她們穿名牌用名牌遠不如中國都市女性多，因為不喜歡標籤，而且看不上假的，好像咱們看有人穿西服把標籤縫在袖子上會輕輕一笑。你和她常出去喝咖啡或喝茶，她穿得好像特意不打扮（其實是讓你看不出來的打扮）她和你聊她周圍的人，男人、女人、朋友，聊她周圍的事，她每天做的事，時間長了，你發現你對面的法國女人耐看，覺得她對自己生活的擔當那麼自然，坦白，她活得那麼漂亮，那天她說出一句話的時候她很美，那是只有她這個人才有的美。是不是因為這種本色，法國人愛他們的女人？或者因為在法國人眼裡女人比男人通常更接近本色而讓人愛她們，而讓詩人吟唱女人是男人的未來？

　　有一種別的法國的自由。法國前總統密特朗立遺囑要求自己的葬禮在兩地舉行，分別有他的妻子、兒

有一種法國，只去一次，你不會看到。

子和他最後二十年的伴侶及他們的愛女出席，並要求在電視上作現場直播，媒體和國民都很安靜不作張揚地目睹了密特朗家庭生活的曝光。葬禮過去了就過去了，沒什麼炒作，沒太累著死去的總統和他的活著的女人們。而當全世界人都在電視上看美國總統柯林頓的緋聞披露時，電視機前很多法國人選了另外一個角度：他們認為美國總統只有義務回答關於他的工作的提問而不必回答他的個人生活情況，他們對柯林頓的風流事並沒有太大的興趣，本來就不被法國人正眼瞧的美國媒體和公眾輿論這次在法國人眼裏變得低級趣味，男盜女娼，尊嚴掃地。總之法國人的自由理念是別的一種，是法國，這種自由與社會的公正與道義連在一起：幾年前，法國議會有一個關於對待外來移民的提案被認為對移民有歧視，法國的藝術文化人和知識份子率先在最大的報紙上聯合署名表示不同意，從而引發了一場平靜而有聲勢的巴黎市民上街支援，使議會修改議案。法國人的自由理念中有明確的人的尊嚴與價值還有遊戲規則。

　　越說越遠了。不如講個法國人的笑話。法國人總結說他們的同胞來過中國幾天，回去就寫一本書談中國（像那個有名的佩雷費特）；在中國待過一兩年的，就寫幾篇文章談中國；在中國活得時間長點兒了，就什麼也不寫了。我自己看法國，也有這種尷尬：還記得自己第一次走進巴黎的心情，到了現在，朋友讓我寫篇文章說說法國，寫來寫去看不清楚寫不清楚了。（本文為摘錄，全文刊登於本刊網站。）■

＋孟湄／旅法北京人，現住北京。

達利傳記「記憶的堅持」

二十世紀超現實主義畫家達利作品來到台北故宮博物院展出，此刻台北的
展覽風潮，非常熱鬧，植物園的國立歷史博物館正在展出兵馬俑古文明，
一今一古，兩者共同處，是達利的招牌鬍子對上秦小兵的中國鬍子。

中國時報提供

卡拉之腳——立體作品

＋陳文芬

Image Bank

＋陳文芬／中國時報文化版記者

二十世紀過去了，典型達利畫作景象軟蝕掉的鐘
錶，使我們對時間記憶懸繫的牽絆有個形象畫面，可
是達利其人與畫作之間，好像還有很多問號。達利這
個人絕頂聰明，能畫能寫還能表演，常常在傳媒面前
大發謬論，熱情大膽，他打造達利神話，漸漸地，卻
也使人先入為主記得他自戀的浮誇，例如他的名言，
「我與瘋子的差別，是我沒瘋」之類的話，而忘卻他的
繪畫反映上一世紀複雜時局人心脆弱幽微的景觀。

新聞編輯梅瑞迪絲・伊瑟林頓—史密斯〔Meredith
Etherington-Smith〕所寫的傳記《達利》詳細記錄達利生
前千變萬化的創造歷程，受到近幾年藝術史家肯定的
達利，在假扮扭曲的公共藝術表演家之外，證明他是
一位不停探索內在和外在世界可能性的藝術家，而以
超現實主義畫家之名，來給達利定位，也不一定夠精
準，在繪畫越來越受到科學發現的抽象影響，達利還
是一位非常努力找尋下一世紀繪畫出路和靈感。

傳記這文體在記錄藝術家的故事時，就像中國畫
的長卷，把達利歷來的畫並列依序來看，眼前延展出
達利的人生景致，一如他魔幻夢境，有他家鄉加泰隆
尼亞蔚藍天空，也有他常用到的麵包、手杖、抽屜，
象徵死亡或重生的種種符號。

一個中產階級的小孩如何掙脫極度保守的父權家

1982年扭曲歪倒的建築物——達利油畫

庭，成為一個創造力源源不絕的藝術家，當中最重要的支撐力量，是達利的妻子卡拉，做為超現實主義畫派的多位大將的情人，卡拉的成就是激發鞭策達利，而成為卓然的創造者。

達利膜拜過上世紀初的佛洛伊德，把他的精神分析理論，運用在畫作上，超現實主義畫派認為，醒時的夢境是超現實最精練的台詞，人們不時想對達利做精神分析，傳記作者史密斯顯然也有這樣的好奇，穿上潛水裝備，到達利的潛意識深潛，好像聽到作者的聲音了，達利崇尚物質世界的軟與硬，他也自認是寄居蟹般的甲殼類生物，內在非常柔軟，毫無抵抗能利，於是需要背起一個堅硬的外殼去面對世界。

史密斯書寫的達利神話，包裹了達利與卡拉的慾望生活，金錢、名流、社交，做嬉痞的精神導師，達利在性慾上是個自體完成者，少年時期雖有同性愛的傾向，但他一直恐懼別人碰觸他的身體，卡拉卻能照料他，也發展自己的慾望國度，

卡拉是另一部神話，一個到歐洲發展的俄國女子，在上世紀沒有女子地位的藝術圈裡，隱身幕後，卻精采輝煌到這個地步。

過去達利在超現實畫派運動裡，最受爭議的是他對希特勒的崇拜，當畢卡索已經在畫〈葛尼卡〉時，達利還在支持弗朗哥，達利崇拜強人，剝開他的神話硬殼，發現達利的脆弱柔軟，其性格的陰影，與他的藝術成就，人們已經看得清楚了。　　　　■

《達利》，（The Persisten of Memory: A Biography of Dali）
梅瑞迪絲‧伊瑟林頓—史密斯（Meredith Etherington-Smith）／著
林淑琴／譯　臉譜出版

1998年，幾米自作品《森林裡的祕密》問市以來，產生很多現象：網路上廣為流傳他作品的電子檔，但許多人並不確知幾米何許人也，有人以為他是女生；有人以為他是外國人；有人買了幾米的書，回家一定攤開在桌上，說是幾米作品的情境可以改變家中的風景。幾米，成為成人繪本的代言人。

這個創作力旺盛的作家，40歲開始創作，1998年迄今已出版8本繪本，為了一探他的創作歷程，我在一個晚上開始了以下的訪問。

幾米
Jimmyspa.com

從《向左走，向右走》到《地下鐵》
城市空間的故事
＋劉子華　攝影／何經泰

＋ 劉子華／文字工作者

的創作歷程

○ 在開始繪本創作前，你就是插畫家了，從單純的插畫到繪本創作，你如何跨越？

◎ 學生時代我學的是美術設計，和許多善畫的同學比起來，我覺得自己畫得不好，於是我很努力的畫，想要畫得很好；畢業後我進入廣告界，工作很重，但是我還是很努力地畫。在偶然的機會下，我兼職畫了一些插畫，從此邀稿不斷，記得我在奧美廣告時兼職畫插畫的稿費居然比月薪還多；因為稿量太多，不得不往外推，那時我幫媒體雜誌畫插畫，也幫出版社畫，像一些暢銷作家小野、侯文詠、戴晨志我都畫過插畫。我的插畫生意那麼好，我想不是因為我畫得比別人好，而是我會幫編輯想主題。

我在廣告公司做了很久的事，拍過許多廣告片，反過來我也可以演腳本，在工作上的歷練讓我知道廣告片何時要出聲音，何時要畫圖，何時要切角度。我要如何用非常短的30秒來做一個film……這些訓練對我的繪本創作幫助很大。

我畫插畫或是繪本都是一樣認真。我的第一本繪本會受歡迎，不論別人或是我自己都覺得很幸運，但更幸運的是我是用繪本的方式在說故事，並且為大家接受，其實這些故事都是用繪本來表現的電影故事。

以好玩為出發點

○ 你的繪本都有迷人的故事，是否在幼年就嶄露說故事的天份？

◎ 不，我從小並不會說故事，我是開始繪本創作後才發現我會說故事，而且被認為說得還不錯。

○ 從《向左走，向右走》、《月亮忘記了》到《地下鐵》，都有強烈的城市風格，談談城市與你作品的關係，以及創作時的出發點？

◎ 除了童年短暫的鄉村生活，我一直是生活在城市裡的人，我對世界的體認，大部分都來自城市，也完成於城市，以前我不是個從事創作的人，在廣告公司工作達八年之久，1998年初，出版兩部作品後，就自然而然地開始以城市為故事主題的創作。

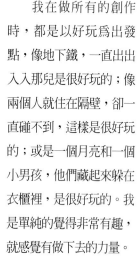

我在做所有的創作時，都是以好玩為出發點，像地下鐵，一直出出入入那兒是很好玩的；像兩個人就住在隔壁，卻一直碰不到，這樣是很好玩的；或是一個月亮和一個小男孩，他們藏起來躲在衣櫃裡，是很好玩的。我是單純的覺得非常有趣，就感覺有做下去的力量。

地下鐵的難度

○ 說說上述三部作品創作時的心境？

◎ 很不一樣，特別是《地下鐵》，因為創作的時間拉得很長(一年多)，所以挫折很大，後來甚至做到麻痺了，不知道自己在做甚麼，也沒甚麼信心。之前的創作壓力比較小，像《向左走，向右走》突然很受歡迎，之前並沒甚麼壓力，《月亮忘記了》是因為前一本《向左走，向右走》大賣，出版社不斷催稿，我剛好又有故事做，所以壓力不大，可是等到這些書出版了，又得了一堆獎，我突然覺得有很大的壓力，好像很多人都在等著看我要做甚麼，這個壓力讓我在做

《地下鐵》時跟做其他書不太一樣，在畫面上，我會做更細膩的描繪，我會想我可能在故事上沒有突破，那就讓畫風更凸出，我在情節上做了更多安排，甚麼事情都想得更久。《向左走，向右走》、《月亮忘記了》在故事上是比較高潮起伏、有變化的，但是《地下鐵》有一定的節奏，它是不斷地重複，這看似簡單，但實際上比較難，我大概畫了女主角11個進出地下鐵的畫面，要在這11個畫面上讓讀者得到不同的東西，我覺得這是一個很大的挑戰，因為如果做不好，就變得很重複，可能光看兩三頁就知道故事的主軸了，所以《地下鐵》的難度是最高的，可是它的結構又最簡單。

向內斂轉彎

○ 完成像《地下鐵》這樣一部作品，你有甚麼改變嗎？

◎ 做完這本書，我有一個比較大的突破，不是在這本書上的，而是我開始可以先用文字來說故事，以前我的方式是想到這個圖，然後想要怎麼接下個圖，我會先把它接好，但是我不知道我要說甚麼，但是很奇怪，《地下鐵》之後，我變得可以先把故事說出來再配圖，為何現在可以，從前不行？我也不清楚。

《地下鐵》之後，我進行創作時，可以先用文字去結構東西，我想可能是因為以前我對文字沒有接合能力，我得先把圖接好，再靠圖的力量去接文字。現在方式改變了，對我而言是好的，因為用文字會有不同的東西出來。《地下鐵》之後的東西，我想圖像應該不會那麼強，圖會內斂一點、平實一點，但是文字可以幫助我，我不確定這樣好不好，但我會去做。

辛波絲卡（W. Szymborska）的詩

○ 《向左走，向右走》、《地下鐵》兩部作品中都分別出現辛波絲卡的詩句，她對你的影響是？

◎ 我很喜歡辛波絲卡的詩，其實發現辛波絲卡是無意間在書店的書架上「撿到」的。我創作時有件趣事，我的每本書都有這個問題，我會衝動的去畫圖，但是卻不知道我要幹嘛？我不曉得我要說甚麼？像《向左走，向右走》，整本書畫完，文字寫完，我不知道我要幹甚麼，直到我看到辛波絲卡的詩說：「這樣確定是美麗的，但變化無常更是美麗」，我真是嚇死了，因為這個時候我才發覺我就是在畫一個變化無常的美麗，我才驚覺：「啊!辛波絲卡已經把我要做的事情說出來了，一種變化無常的美麗!!」這句詩切中了我為甚麼要畫這本書，然後我憶起了生過的一場病，我從快樂的世界感覺到人世的變化無常。所以我在《地下鐵》的扉頁寫著：「獻給詩人」。

《地下鐵》也和《向左走，向右走》一樣，畫完後我又翻開辛波絲卡的詩，又看到「我們何其幸運，無法確知自己生活在甚麼樣的世界」。我看呆了，心想：「天哪!這不就是《地下鐵》要說的嗎？」我每天進進出出，但是我只是看到我看到的，有很多東西我都看不到，基本上，我是個盲目的人。詩人短短的幾句話卻把我要說的都說出來了，讓我非常感動。

留白是一種特色

○ 你覺得自己作品的特色是甚麼？談一些創作的甘苦吧？

◎ 從前我也不太確知自己的圖有甚麼特色，可是前一陣子公共電視做了我的記錄片，他們幫我做了動畫，我才恍然大悟，我的圖有個特色，它留了很大的空間，可以讓我的人物在裡面遊走，這是我過去沒注意到，是在電視上看到的。

我回頭看自己過去的作品，像《向左走，向右走》我都會有一種「好險」的感覺，「好險」這本書是我畫的，同時我也納悶自己竟然可以兜得那麼順，創作

時，有很長的時間我在組合，考慮要讓這個場景先出，還是下個場景先出？因為當時是凌亂的，可能有十個空間我不知該如何排序，但是時間讓我沉澱下來，慢慢秩序就出來了，我就知道第一個以及後面的場景要出現甚麼，慢慢東西就出來了，而這些東西都是時間的問題；等到場景結合好，再落文字時就會發現脈絡出來了。這脈絡我覺得是書裡面自己的東西，就像以前我聽人說書中的主角會出來告訴作者書怎麼走，當時我完全不能體會，因為明明是我在畫，怎麼可能書裡面的男主角、女主角要怎樣？可是當我畫《向左走，向右走》時，我感覺到了，我慢慢覺得書裡的男生女生有個安排的東西；這之後的創作我都有這種感覺，他們好像有點自己在組合，而我只是把他們畫出來，然後我會覺得這樣接得好順，怎麼會這樣!!說來也許讓人難以置信，但這是創作好玩的地方。

對我而言創作會痛苦就是因為創作當中有次序排不出來的苦惱，因為我在過程中會不斷地接了又接、抽掉、轉換，再去寫，寫了不通，再回頭畫圖。《地下鐵》剛畫完時，我有個Ending圖拿給朋友看，所有的人都跟我搖頭，我先是不肯改，但終究還是改了。那張圖，我原本安排小女孩最後回到家裡睡覺，看電視，門外有長頸鹿經過，女孩終於回家了，而家是安全的。但是每個看過的人都推翻它，認為空間縮小，格局也縮小了。後來我改畫夏卡爾風格的彩繪玫瑰花窗，那是一片美麗，象徵盲女心中隱約閃爍的光亮。

更深的心靈一點

○ 談談《地下鐵》的創作過程吧？

◎ 我做圖文書就是圖跟文扣來扣去，《地下鐵》是我繪畫過程中曝光最多的一次，平常我的作品很少人看到過程，但是因為這本書做太久了，朋友就看到了。其中有朋友的反應是覺得很可怕，因為他覺得我

在講一個很深的東西，講到我心裡很多的恐懼跟悲傷；但是也有朋友覺得應該更切進去，因為覺得我只切了一點點，所以就覺得我有點逃避；他們的建議我終究沒採用，因為這就是我，我只能做到這樣。

現在大家看到書都覺得理所當然，可是光一個地下鐵向下走的結構我想了好久，我要安排小女孩走進去又走出來，又要安排她坐地鐵，我不能用太多的空間去講這樣的東西，可是一個如此簡單的Form，真的想了好久，我必須用一個短暫的畫面讓她進去出來，雖然這過程很重要，但它絕對不能佔太多空間；就像《向左走，向右走》，光是兩個人第一次相逢的畫面，我就想了大概五、六十種，這是許多人無法想像的，我在一個這麼簡單的形式上得要花很多時間；這本書完成後，我心裡非常得意，因為我用了這麼短的頁數，就把男女主角的職業、身份、習慣統統都講清楚了，然後讓讀者馬上可以融入他們，看他們相逢，然後分手。我個人是覺得這很難，也許別人看起來簡單，但我在這中間可能畫了好幾千張圖。

最初的構想

○ 光是一個畫面就畫了好幾千張圖，那麼一個故事呢？

◎ 《地下鐵》這本書我本來要畫成一個愛情故事，最初的故事結構是一個男孩和女孩在地下鐵的門口吵架，然後分手，這女孩開始走進地下鐵，她在地下鐵遇到很多問題，當她真正走出來時，一片晴朗，她也豁然開朗，然後男孩女孩再一塊兒走出來……我是真的畫了草稿，後來看到都忍不住想笑。

同樣是走進去，我有非常多的情節，現在都無法理解這樣一個簡單的圖，我怎麼會想這麼久。《地下鐵》的圖，我最初是安排盲女走下去，周邊人物都是不存在的，它本來很簡單，很平，但是為了慢慢搭前

面的背景、後面的背景，周邊人物就陸續出現，畫到後來卻讓我非常痛苦，有一段時間我總覺得永遠畫不完，我畫了一個春天、一個夏天、一個秋天，為甚麼我永遠畫不出完？

做繪本很好玩，但是做這本書真的痛苦死了，我不斷打電話去跟人家講話，問其他創作的人他們創作的狀態，我對自己的創作產生很大的疑慮，我懷疑自己在做一個很爛的故事，我是不是真的已經做不出來而硬要把它拗出來？之後我才知道這種創作的問題不是只有我有，大家都碰過。

後來有一天，我在報上看到一篇朱天文的文章，她寫說她覺得現今的社會都不注重工藝的部分，大家都講形而上的概念，對技藝的部分貶得很低，朱小姐參加過一個石雕師父的作品，那是經年累月的東西，她覺得很感動。後來廖蒼松就跟他說剪接的問題，一個剛踏入剪接行業的人並不知剪接為何物，可是只要肯在這領域裡努力，也不知道要耗多久時間，直到有一天剪接師會突然告訴你，你剪出來了。這篇文章給我非常大的震撼，讓我願意在我的作品裡再做更久的時間，我願意再沉浸在相同的東西裡非常多的時間，到後來我終於知道這個時間對我是有非常大的幫助，而不是才華甚麼的，為此我非常感謝廖蒼松。

悠遊的空間感

○ 你的圖最大的特色是擁有很多「空間」，可以讓人在裡頭遊走，這個現象到了《地下鐵》的時候，

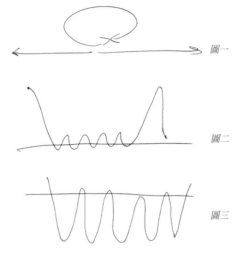

圖一

圖二

圖三

左右、上下的空間排列的確更為明顯。這空間代表了甚麼？

◎ 我用線條來說明好了，例如《向左走・向右走》像是圖一，一開始是先畫一個中央分隔線，畫出一個女生向左走的箭頭、男生向右走的箭頭，箭頭上方的空間都是故事發展的方向；《月亮忘記了》則是圖二，先畫一條地平線，月亮從上面（天空）掉下來，在地平線上互動出一道道波紋，代表著月亮與小男孩在地上的相會，最後小男生努力把月亮送上去，這就是故事的空間發展；《地下鐵》則是圖三，也是先畫一條地平線，再有一個線條進入地面線之下，再不斷穿出地上，進入地下，「上下・上下」起伏，代表那個女孩子走進地鐵、走出地鐵，在這空間裡故事的發展。這三本書的空間各自代表甚麼？我自己也不確定，並且我是在事後分析才知道是這樣，可是當這東西出來後就更容易做。《地下鐵》中走上來、走下去的安排是因為女主角是盲人，把場景設在地下，那兒全部都是黑暗的東西，我們就可以想像出很多空間；我覺得這是一個人他本來要去外面尋求很多東西，後來發現那些東西都在自己的心裡面，所以他在這個城市尋找金蘋果以及一片掉落的金葉子，或者只是為了尋找心中的光？這事實上就是回到自己，所以不論看不看得見，都要從自己的心裡面找。

○：問你最後一個問題，你出門都是怎麼走？

◎：我都是向右走。　■

一個細胞的誕生

如果有一天，有人因為飛機失事墜落荒島，這島可能只有五坪
大，島上有棵椰子樹，樹上有兩顆椰子，四周都是汪洋大海；
如果是你，你一定會帶哪本書在身邊？

＋蔡志忠

從小我就常自問：「蔡志忠，你在幹嘛？」
直到開始畫漫畫就比較少這麼問了。

從小我就很喜歡被重擊，所謂重擊就像當頭棒喝。

我經常在尋找對自己重重敲一擊的機會，比如小時候我喜歡跟著媽媽去看歌仔戲；開始畫漫畫後，我深深覺得從事一個行業後，就很難從本質當中突破，所以我喜歡去參觀與自己不同風格、背景、流派的畫展，那時就有可能被敲一擊，而且會覺得過癮。

從小我也發現最可以重擊我的是書本。我從小就喜歡看書，因為一出生就受洗成為天主教徒，所以才四、五歲就必要讀完舊約，當然不是自己讀，是有一個小老師把舊約和新約全部講完，這裡面充滿了各種奇特故事，所以在小學二、三年級的階段，我已經具備了不錯的閱讀能力，還記得三年級時，我就把家中能夠接觸到的書統統看完了，像是《基督山恩仇記》、《鐵假面》(鐵面人)等；基督山伯爵我記得他被關了好久好久，因為我連續看了幾個晚上，他都被關著；其中只有一本《卡拉馬助夫兄弟》看了很久老是看不完，因為覺得主角的名字太長了。還有從前的譯名也很奇特，像甚麼密斯脫福爾摩斯，當時也不懂密斯脫

是甚麼，就姑且當它是姓氏；另外像「塔」，當年是譯作「淘兒」，關在「淘兒」中，我也看不懂，只知道是被關了起來。

看到好書不要放書架

我初中一年級時，大家的物質環境都很差，為了跟同學交換書看，就走好遠好遠的路到同學家，那時很關心同學讀甚麼書，有同學說他看了《水滸傳》，我就很訝異，啊!水壺還有「傳」？還有同學看過《亞森羅蘋》，並且說他是福爾摩斯的對手，為此我還反駁同學說他騙人，因為福爾摩斯全套26本我都看了，根本沒有這號人物；還記得一個彰化女商的同學跟我說《聊齋》很好看，至今我都還記得我看的第一個故事是「蓮香」，當時還嘗試把「蓮香」畫成漫畫，也試著畫《聊齋》的漫畫，所以我初二就當了漫畫家。

我看書的速度很快，因為我覺得看書是相加的，譬如說你已經知道英國這個國家了，當你再度讀到英國的發展、英國的歷史文化時，你是在和已經讀過的東西重逢，書上說的和你已知的沒有甚麼不同，閱讀時你就會一直pass、pass……速度自然就快了，我們只

＋蔡志忠／漫畫家

是在審核過去所累積的知識是否正確，這時大腦就像一個具體而微的圖書館，也就是你所認知的整個世界的歷史文化、科技等所有的觀念，遇到一個人能解答出答案與你所認知的一樣，你當然就pass、pass......萬一有一天突然發現有人講得不一樣，這時才會停下來，才知道要去求證。所以我看書，300頁左右，大概不會超過3個半小時就讀完。像《聖經密碼》我花了45分鐘讀完；《矽晶之火》大約看了一小時二十分；看書有個要注意的，就是要一鼓作氣，看得正過癮時，不可停，誇張點說，這一停可能就一百年。當你看到一本好書，最好就放在身邊，千萬不能插入書架，否則再拿到那本書，可能已經又過了好幾年。

如果有一天，有人因為飛機失事墜落荒島，這島可能只有五坪大，島上有棵椰子樹，樹上有兩顆椰子，四周都是汪洋大海；我常想如果是我，我會帶甚麼？我想我會帶著心目中的兩本書，這兩本書是一直在變的，直到最近，我確定了大概不太容易再變的兩本。其中一本就是《一個細胞的誕生》(作者Lewis Thomas，早期由金楓出版，已絕版)。

帶這本書去荒島的理由

為甚麼這本《一個細胞的誕生》我一定要帶去荒島？因為這書也重擊了我的大腦。有些書是有先見之明，但未必先見了多少；有些書有比較深入的見解，但未必深入了多少；但有些書卻完全改變了你的觀念，而這本書就是。就像它序言所說的：「我開著車要回家，在半路上，看著山邊的樹，看著天空的月亮，然後我想著：『地球是甚麼呢？』對我而言，地球就是一顆活生生的細胞。」這位作者以一個生物學家的角度來寫，但他沒有專寫生物，他其實在寫一些觀念；就我而言，從這書得到的觀念就是：如果我們從物理、從科學中去發現，其實整個宇宙中的一切，包括我們的地球都是活生生的一個生命。書中敘述了像白蟻、像蚊子等等許多不同的事物。我的心得是：基本上，每一個東西都只是一個元件，它在一個群體裡，它就是一個細胞，它在整體裡面，它就是一個生命體的一部分，但它隨著時空的轉變而改變。

這書給我最大的衝擊是，我們不能從一個單一物體，或單一生命，或單一事件去看它的單一性，它其實是整體的一部份，它自己的本質也涵蓋了整體；就像一個人，你可以看到他因何而形成，你也可以看到他參加一個整體時扮演了甚麼樣的角色。所以我們會從單一一個點看到他的整個歷史；他從過去累積到現在這個點，我們看到他的過去；從這個點，我們可以預見他的未來，看見他承先啟後地在扮演他整體中的角色。所以我從這本書得到最大的震撼就是一定不從單一點去看單一點，要去看出它的整體。

Lewis Thomas，1913年生於紐約，畢業於普林斯頓大學與哈佛醫學院，歷任美國各大醫學院與醫院主任、院長，並榮任美國科學院院士。1993年辭世。曾以《一個細胞的誕生》(The Lives of a Cell)榮獲美國「國家圖書獎」，該書與《最年輕的科學家》(The Youngest Science)、《一個細胞的告白》(The Fragile Species)皆為傳世名作。

貴

穿過黃仁宇，透視大歷史

黃仁宇去世一週年之際，各界懷念愈深。研討會召開，回憶錄《黃河青山》出版。然而，在新世紀之初，我們要如何了解一個敢於擁抱數百年大歷史，為未來提出解答的大胸襟？

＋楊渡

黃仁宇與夫人*Gayle*──皆於*2000*年去世

　　1988年，剛剛開放探親時，我曾陪一位長輩回他的安徽老家探親。在那貧困的大地上，這個長輩想起以前家鄉的土地因地主、小自耕農、分財產等因素，分割得相當零細，以致於要上學都必須穿過許多水沼、田埂。如今，土地劃分得整齊寬大，馬路建起來了，家鄉有了新面貌。他回憶起一九四五年，抗戰結束不久，國民政府調查戶口，有些人家為了怕被拉伕去當兵，還謊報人口，尤其是家有男丁的人，總要少報幾個。他就是不在戶籍內的一個。後來因為有一個長輩在國民政府當個部隊小官，需要一個小文書，他擅長寫字，就投靠親戚的部隊去了。這才有了他的戶籍。至於當時全中國到底有多少人口，連國民政府也不清楚吧。

　　在安徽貧困的鄉間小路上，我終於比較了解黃仁宇。他也是離鄉背井，去部隊當兵。在貴州、雲南的崇山峻嶺間，隨著部隊流浪，有時補給未到，就到老百姓的鄉村裡找東西吃。說是老百姓的貢獻也可以，說是搶來的也可以，部隊有槍，誰敢不給？有時缺乏兵員，就要老百姓奉獻男丁出來當兵。當時的國軍和軍閥又有什麼兩樣？蔣介石對那些不是嫡系的部隊，只是給一個番號，人和錢自己去想辦法籌集。地方上的老百姓就因此遭殃了。他們當然要想辦法隱藏人和

＋ 左圖：中國的歷史，是以無數難以估算的人力與生命所積累的大沈積。（圖片提供／徐宗懋）

爲中國歷史未曾有過，無人能夠全部掌握，構成整體腹案，按計劃執行，而只是各盡人事，再配合上社會裡的各種因素，與國際因素（如日本發動世界大戰，與美國之參戰等），全部投入歷史與戰爭的大鎔爐裡，這些因素的消長變化，終而形成「歷史上長期的合理性」，一如盧梭所說「公眾之志願」的內容，至此才全部揭曉。

從這個角度來看，則蔣介石在大陸無法做到，在台灣卻得以完成土地改革，就不是沒有道理。因大陸終究缺乏基層的數目字爲基礎，連土地有多少，農民的數量都不知道，如何土改。而台灣在日本的殖民統治下，已完成現代化所必須的基層準備。是以土地如何分配、地主如何補償、農民如何控制，都有一套既有的資料可資依循。蔣介石無法在大陸有效執政的上層架構，卻在台灣得以實施，也正因基層組織已在殖民地時代作有效的統計與組織改造，早具備現代社會所必須的社會條件了。

台灣史的斷裂論述

台灣的歷史論述中，一直存在著斷裂性思維。此即把清朝時期的移民史與中國歷史斷裂，而謂移民者爲「新興民族」，而忽略了早期移民的「唐山認同」；其次，把日本的殖民統治與中國歷史斷裂，稱之爲「台灣現代化的開端」，而忽視了殖民地的歷史眞實；等到光復以後，雖然有四年的時間與中國歷史連結，但這一段歷史被描述成是中國政權對台灣的迫害，而忽略了兩個社會的差距與衝突；等到國民政府撤退來台，又把國民政府與中國政權劃上等號，視之爲「外來政權」，而忽略了國民政府未曾解決的兩岸難題，以及美國在兩岸之間所起到的另一種「外來政權」的影響力。

連串的斷裂，使台灣的歷史認知呈分裂狀態，

最後就變成只有統獨兩個對立的符號；而現實的認知上，就變成是：只要解決了「外來政權」就解決了所有的問題。其結果是國民黨雖然下台，由民進黨執政，但歷史所遺留下來的問題依舊，兩岸關係懸而未決，台灣與大陸的社會發展差距、政治制度與文化差距，也未由大歷史的角度去省視過，而只由斷裂性思考，以爲只要讓斷裂凝固化，即可達成台灣的自主性目標。缺乏大歷史視野與胸襟的兩岸政策，只能在「政治文字迷宮」中打轉，永遠也找不到出路。

歷史終究是延續的。黃仁宇論述中，最重要的關鍵乃是：大歷史的視野，以及由此向上下左右延伸，看見縱深達數千年的中國歷史，寬廣及於歐洲資本主義發展史的比較與深思，從而讓我們看見，台灣歷史的延續性。台灣現在的政治體制，是由蔣介石所領導的國民政府（它的上層架構，乃是中國大陸現代史大改造的一部分），在大撤退之後，整個移植於台灣；再配合上日據時代以還的資本主義化經濟社會基礎，以及美國所形成的冷戰結構，所建構起來的。

而台灣在歷經五十餘年的經濟發展與社會變遷之後，已積聚了足夠的社會基礎，使民主政治得以實現，從而達到政權轉移的目標。然而，由黃仁宇對歐洲資本主義的分析看，政權轉移只是一個上層架構的變化，歷史傳統之影響與台灣人思維方式的轉變，卻還需要更長的歷史時間。畢竟，一個資本主義社會所藉以建立的不僅是法律、政治制度，還需要不成文的「思維方式」的轉變才行。歐洲歷時四百年才完成的資本主義化，台灣又豈可能在五十年之內完成？

這「思維方式」（WAY OF THINKING）所包含的即是人們的文化、語言、習慣、信仰、藝術、哲學等等。黃仁宇在《新時代的歷史觀》一書中，想談的即是這個問題。

「中國長期革命已告成功，中國歷史既與西洋

文化匯合，百年來的改造與奮鬥也可以用西方科學知識與政治經濟思想解釋，從今之後，中國是否應放棄傳統文化而徹底抄襲西方？」（頁５９）

黃仁宇不以爲如此。對此他提出另一種解釋：即中國的政治體制、架構，大體由西方而來，但如何用卻是「非常中國」。因而提出了「西學爲體，中學爲用」來和張之洞的「中學爲體，西學爲用」作對比。

這個論點，其實是以今日的現實，來向舊理論挑戰。然而，我們不得不承認，這是黃仁宇獨具慧眼的創見。看看今日的台灣，那一樣政治體制、司法體系不是建立在西方的政治理論架構上，但在實際的運用層面上，包括了地方派系、選舉文化、群眾動員、廣告內容等，那一樣不是「中學爲用」。中國大陸何嘗不是如此？

黃仁宇的三大論點

在黃仁宇之前，有關東方專制主義、資本主義萌芽論戰等書籍，早已汗牛充棟，金觀濤在《興盛與危機》中，則提出「超穩定結構」以試圖超越舊論述。而黃仁宇則由數目上的管理著手，再比較西歐資本主義國家的發展過程，最後提出中國應走自己道路的結論。

黃仁宇一生的研究可歸納爲三個問題，三個論點：

1、爲什麼傳統中國無法發展資本主義？他的論點是：無法在數目上管理。

2、如何由大歷史看中國現代史的劇變？他的論點是：蔣介石與毛澤東共同完成中國社會之大改造。這一點，確有「大歷史在辯證中完成」的味道。即一正（蔣介石在上層完成政治架構的改造），一反（毛澤東在下層完成基礎組織的改造）；雖然二者互相對立

革命，但歷史終究是由正反力量的「合」所共同完成。以此理解中國近現代史，確有更開闊的史觀。

3、中國之未來爲何？他的論點是：西學爲體，中學爲用。此即經濟之發展、政治社會組織之改造，還不足以完成中國走向二十一世紀使命，更重要的是建立自己的民族精神。

這三大論題的任何一個，對學者而言，都足以窮畢生之力而難有所成，而黃仁宇試圖加以連貫思考，自成一家之言。但更重要的是有不少學者著述盈尺，卻只是糾纏在理論思辨，無法自成論點。但黃仁宇卻能歸納爲簡單、清晰而深刻的三句話作爲答案。這才是思想家的眞功力所在。

在《新時代的歷史觀》這一本他生前出版的最後著作裡，黃仁宇彷彿感到時間來不及似的，以提綱挈領的方式，將他作學問過程中，所引用的西方政治社會思想家、東方思想，作一通盤整理，總之，他想留下那些曾經對歷史有用的、值得參考再三的思想家，作爲一種引導，好讓未來者，有一個「入門網站」。

這種作學問的方法，已經不是學者，而是更大的用心了。這用心，證諸於他剛出版的回憶錄《黃河青山》，更可得到一個鮮明的形象。那是一個知識分子想從軍隊中找自己與中國的出路，卻只是落入更大的時代迷茫之中，他輾轉流浪，終於以學問爲終生職志，想找一個解答，給自己，也給未來的生命。或許他所期望者，是對未來留下一點指引，一種思想方法，一個未來的出路吧！然而，無論他對未來有什麼影響，他已經留下一種典範，一個擁抱歷史的大胸襟。　■

1.《黃河青山》，黃仁宇回憶錄，聯經出版公司。
2.《新時代的歷史觀》，黃仁宇著，台灣商務印書館。
3.《赫遜河畔談中國歷史》，黃仁宇著，時報出版公司。
4.《資本主義與二十一世紀》，黃仁宇著，聯經出版公司。
5.《近代中國的出路》，黃仁宇著，聯經出版公司。

全球化，話說從頭

十六世紀航路的發現開啟第一波的全球化，工業革命打開第二波全球化的大門，資訊革命和 WTO 的成立，則讓全世界走入全球化第三波的大潮。

＋林孝信

「全球化」從九〇年代以來，就成為知識界熱門的話題，比八〇年代的「後現代主義」有過之而無不及。特別在WTO成立以來，「全球化」更成為全球關注的焦點。

全球化的現象並不始自1990年代，也不因為電腦與網際網路的流行才出現，全球化有許多內容，如通信全球化、媒體全球化、生產全球化、金融全球化、貿易全球化等等。就其中的貿易全球化而言，可以追溯到四百年前，歐洲因哥倫布「發現」新大陸與達伽瑪、麥哲倫等全球性新航路的開拓。全球性航線帶來初期全球性市場，而產生了貿易的「全球化」。

這個全球化的貿易，也孕育了資本主義的萌芽。由於全球廣大市場的出現，商品的需求引起歐洲生產方式的改革，而逐漸形成以高度分工與僱傭勞動為基礎的資本主義生產方式。資本主義生產方式在追逐利潤與相互競爭的驅策下，導致工業革命。工業革命使

生產力快速的提升，回過來要求更巨大的全球性市場。於是，資本主義轉身又成為推動全球化的主要因素。

國際分工與資訊革命崛起

如果說，航路的發現啟開了第一波的全球化，那麼始自十八世紀中葉的工業革命可視為發生在十九世紀的第二波全球化。在第二波全球化中，除了航運與貿易以外，生產上出現了第一次國際分工（即第三世界國家生產原料，歐美資本主義國家進行工業生產），資金也開始輸出，而出現了生產與資金國際化的現象，為日後生產與資本全球化跨出了第一步。同時，由於電磁學說的發展，特別是無線電波的發現，通訊、傳播的全球化不久便迅速地發展開來。

如果說，始於十九世紀的第二波全球化波潮促成帝國主義與殖民主義的出現，從而侵略了眾多非資本

＋ 林孝信／《科學月刊》創辦人

西雅圖的示威抗議，代表另一種反全球化的聲音。

主義國家的主權；那麼，在這始於一九八○年代的第三波全球化中，受削弱主權的國家已不侷限於第三世界國家，而蔓延到部分歐美資本主義先進國家。如果說，十九世紀的全球化是以暴力的征略與直接的統治來侵犯第三世界國家；那麼二十世紀末葉的全球化則以婉轉細緻的手法影響所有國家的社會政策，以此完成對廣泛人民全面的侵犯。關於這新一波全球化對社會政策的影響 Gory Teeple 的書 Globalization and the decline of social reform（N.J. :Humanities Press, 1995）剖析得十分清晰。書中指出，當資本主義由國家資本轉型成全球資本，福利國家制度就逐漸解體，政治上的社會民主體系也隨之日落西山。取而代之的，是崇尚市場萬能的新自由主義（Neo-liberalism）。

一九八○年代出現的這一波全球化新浪潮是如何產生的呢？許多人將之歸諸於第二次的工業革命──資訊革命，資訊革命誠然有力地促進了全球化。特別是通訊科技的發展，個人電腦的普及，網際網路的飛躍，電子商務的興起……等等。這些科技發展不僅推動了資訊革命，也帶來經濟、社會、生活與工作方式，乃至人們觀念的變遷。至於由資訊革命所引發的

傳統經濟活動及媒體全球化的進一步深化，如全球金融市場的瞬時化，新聞媒體的立即化與雙向化等等，更不在話下。資訊革命，作為第三波全球化的推手，是當之無愧的。

資本主義重大轉折

但是，正如十九世紀的第二波全球化，雖然深受第一次工業革命影響，但卻不能忽視資本主義本質的因素一樣，第三波的全球化也不能將全部原因歸諸於第二次工業革命。有了第一次工業革命極大地提升了生產力，十九世紀的歐美資本主義國家便致力於擴展全球性市場，這是十九世紀全球化的真正機制。同樣，二十世紀下半葉資本主義的全球經濟體系也發生了新的變遷。這個變遷，配合了資訊革命，才形成今日影響廣及於政治、經濟、社會及思想觀念的第三波全球化浪潮。這還要從1930年代說起。

1929年美國股市崩盤引起的三○年代世界經濟大蕭條，是資本主義在二十世紀的重大轉折。為拯救這個大蕭條，凱因斯經濟學出現了。三○年代美國羅斯福的新政，二戰後西歐國家的福利國家（Welfare State）

出於無能

《讀書》創刊於1979年4月，正當中國大陸開始改革開放之際。《讀書》自許「以書為中心的思想評論刊物」，在中國大陸思想及知識界具有深遠的影響力。沈昌文先生是《讀書》發展過程中一位關鍵主編。去年《讀書》在大陸成為新聞焦點，去職已久的沈昌文再度成為話題人物。〈出於無能〉可視為沈先生回應新聞所作。本文為摘錄。

＋沈昌文

CC俱樂部之一：陳翰伯

《讀書》的老前輩，列出名單有一大批，細說太繁。這裡只先說兩位「帥上之帥」──陳翰伯和陳原。

「文化大革命」中，兩位都是出版界「黑幫」頭頭，屢被戴高帽子遊鬥。特別在反「復辟回潮」時，被認為是出版業「復辟」主將，革命小將們於是將這「二陳」命名為「CC俱樂部」。應當說小將們看得很準，因為其後，雖然形勢丕變，但凡論及改革開放早期出版界種種興革，都離不開這「二陳」大名，尤其是提到《讀書》和人民出版社、商務印書館。至少就我在《讀書》的經歷言，將此C與彼C合稱，信其不誣也。

陳翰伯同我說事，常說的一句話是：我點頭你就做，我搖頭你甭幹。凡事一弄清情況，他馬上就Yes or No，絕少拖延不決。但這不是說他沒民主作風。《讀書》1981年四月號上那篇〈兩周年告讀者〉，是他親自執筆的。此老當時已貴為全國出版行業的最高行政主管，但還是四〇年代辦報的那種親歷親為作風，親自

為報刊寫社論。他為寫此文，找我談了不只一次，了解情況，徵求意見。後來寫出初稿，再讓我提意見。我當時為創刊號上那篇題為〈讀書無禁區〉的文章，覺得壓力太大，請他關注。他要我仔仔細細地說了情況，於是在文章中加了一大段態度鮮明的支援這篇文章的話。此後十多年，我不時誦習此文，深深覺得自己同前輩相比差距太大。十幾年裡，我為《讀書》執筆的代表編輯部說話的文字可謂多矣，可哪一篇有過如此鮮明的態度！

陳翰伯老人同我講的另一番話，也是我永遠牢記的。

有一次，我為《讀書》寫了一點什麼文字，拿去給陳老看。他看後找我去，慎重其事地對我說：沈昌文，你以後寫東西能不能永遠不要用這種口氣：說讀者「應當」如何如何。你知道，我們同讀者是平等的，沒權利教訓讀者「應當」做什麼不「應當」做什麼。你如果要在《讀書》工作，請你以後永遠不要對讀者用「應當」這類字眼。

我以前多次聽此老發揮過永遠不要把《讀書》辦

＋ 沈昌文／前北京三聯書店總經理兼《讀書》雜誌主編。《讀書》雜誌在他的主持下，成為大陸知識界最有影響力的刊物。

杜殷男攝影

沈昌文：「接手編《讀書》以後，大吃一驚，原來現在要做的事，需要獨立思考，不能只靠『乖』吃飯。」

成機關刊物的宏論，說實話，聽後並沒有太在意。這次此老一發揮，聽了以後，從根本上改變了自己的業務觀念。到《讀書》前，我已有近三十年的編輯出版工齡，可算已是老於「編輯」此道了。但是可憐見的，到了這時，我才懂得編輯對讀者的正確態度應當如何。《讀書》以後的許多做法，都是在陳翰老這番談話的影響下產生出來的。

CC俱樂部之二：陳原

另一個「C」，即陳原先生。此公同我較熟。1954年，我在人民出版社當校對，忽被奉派到總編室給總

編輯們當祕書。當時陳原先生是領導成員之一，我就坐在他對面。如是者三幾年，日日受他薰陶。可以說，這幾年是我一生的出版學徒生涯中收穫最多的一段，我稱它為我的「研究生階段」。照這說法，陳先生當然是我「研究生導師」了。

現在陳原先生主持《讀書》，他的種種主張，我聽了下來，許多並不陌生。原來1957年以前，他們這些解放後中國出版界第一代元老，思想開明的，天天所議論的振興出版的做法，大多是「以文會友」，「言之成理，持之有故」，「作家是衣食父母」，「開放唯心主義」，「重印解放前學術舊著」，研究日本明治時期

婉轉妥貼。但我當時即已感到，現在回憶往事時更加省悟到，就人品言，我學得的這點所謂人情世故，哪及得上史枚老的梗直。他是為《讀書》開路的若干「焦大」中比較典型的一個！

呂叔湘的話

《讀書》局面一打開，便面臨一個思想性同學術性的矛盾問題。這是時時困厄我們的一個難題，必須把它解決好。

搞思想評論，不得不求助於學問家。因為有了學術底子，思想評論方有深度。有時限於語言環境，更不能不多關涉些學術。但是《讀書》究竟不是學術刊物，「學術」這個差使我們沒法全都包下來。要同「學術」掛鈎，而又不能專門談學術，難矣！

八十年代是個新見迭出，佳作紛陳的時代。不管你談不談專門的學術，一個無可避免的問題是：新、奇、怪。這三個字當年出諸劉心武先生之口，標明有識之士對這問題的重視。但這一來，矛盾又來了。簡單說，就是不少人覺得新、奇、怪的文章看不懂。當時吳甲豐老人的反應最厲害。他舉了「機制」一詞同我們再三討論，認為太洋氣。他當然精於洋文，也完全知道mechanism這詞兒，可就是不習慣「機制」這勞什子。另一方面，《讀書》周圍年輕朋友越來越多，他們再三提出，過去一輩學人思路舊了，思維方式太老，要通過《讀書》去改造他們。所有這些，對《讀書》都是個嚴重挑戰。乃至在編輯部，有時分歧也很厲害。

我們開了些座談會，聽取意見，就我個人說，會上呂叔湘老人的話最讓我心折。他說：

「《讀書》有《讀書》的風格，這就不容易。很多雜誌沒有自己的風格。什麼《讀書》的風格？正面說不好，可以從反面說，就是『不庸俗』……可是『不庸俗』要自然形成，不可立意求『不庸俗』。那樣就會矜持，就會刻意求工、求高、求深，就會流於晦澀。」

「新不一定就不好，但也不一定就好……比新不新更重要的是貨色真不真。但是辨別貨色真不真要有點經驗，而認識新不新則毫不費力。因此不知不覺就以新為真了。（當然，也有人認為凡新都假。）」

「編《讀書》這樣的刊物，要腦子裡有一個 general reader（翻成『一般讀者』有點詞不達意，應是『有相當文化修養的一般讀者』）。要堅守兩條原則：（1）不把料器當玉器，更不能把魚眼睛當珠子；（2）不拿十億人的共同語言開玩笑。否則就會走上『同仁刊物』的路子。同仁刊物也要，一家之言嘛。但是不能代替為『一般讀者』服務的刊物。而況《讀書》已經取得這樣的地位。」

呂老真是認真，會上說了話，會後又寄來自己親筆整理的信稿，因此我可以如上原樣引用。打這以後，編輯部再三磨合，大體上有這麼些共識：必須鼓勵新見，更要發掘的新見，但無論新見舊識，著眼點都首先是是否能在思想上促進中國的現代化，而不是其他。其次，《讀書》不是學術性雜誌，文章可讀與否，是它的生命線。它是知識分子的高級休閒刊物，應當可供他們「臥讀」，而不是同仁的學術雜誌。我甚至還這麼說過，在這新潮迭出，佳見紛陳的年代，也許我們要修改一下「內容決定形式」這一老規矩。對當前《讀書》來說，來稿如此豐富，因此選稿標準在不少情況下也許是「形式決定內容」。把形式上的可讀放在第一位，是此時此地吸引讀者的重要辦法。這話給學者們聽了當然不以為然，但在我輩文化商人說則可能是必要的！

風格，風望，風骨

對《讀書》的編輯工作有幫助的，還有相當多無

名的讀者，也就是呂叔湘老人說的general reader。我是每天晚上才有時間編《讀書》的。下班前常常要找些東西帶回家去做，其中《讀書》的來信來稿，我總是等不及管文書的同事處理後再交我，而從收發室迫不及待地直接取走。我已不大記得這些無名讀者作者的名字，現在也難以查考。我手邊保留若干紀錄的，是一位元沈自敏先生。

沈先生在社會科學院近代史研究所工作，因為離得近，幾乎三天兩頭照面。他是積學的專家，也搞翻譯，並非「無名」，說他是《讀書》的作者更為相當。但他不多寫東西，而很願向我提意見，遂更莫逆。他對我提的很重要的一個意見是：《讀書》多年經營，已成「風格」，整個說「風望」也還可以。

漫畫家丁聰筆下的《讀書》雜誌同仁。
左起：賈寶蘭、趙麗雅、董秀玉、吳彬、沈昌文。

目前比較需要努力的，是「風骨」。自此之後，我們談話總是離不開「風骨」一語。沈先生博學，風骨問題往往從劉勰等人談起，而我只略知沈先生的徵引，而未能細細尋繹文意。但即如此，也知道他的意思是勉勵我們要保持自己獨立個性，不為種種上上下下的流俗所影響。「風骨」之不足，正至少是我個人缺點之所在，沈先生是看得很準的。同他談一次，我就慚愧一次。沈先生身體很弱，往往扶病拄杖而來，這本身就象徵著一個自由知識分子的風骨，寧不令人感動！

胡喬木的「引導」

一個思想評論雜誌能堅持二十來年，沒有上面的寬容是難辦到的。這裡舉一兩件事。

我記得，1983年中，社會上有些大事，什麼什麼地方一討論，有地位很高的人覺得《讀書》問題不少，甚至連它的存在似乎成了問題，至少要改變性質，不再「思想評論」，而成為純粹的書評刊物。大夥兒為這愁得不得了。

1983年夏天熱的時候，要我去開一個會，說是傳達胡喬木1983年7月29日在全國通俗政治理論讀物評選獎大會上的講話。很奇怪，喬公開講未久，忽而講到了同通俗政治理論讀物似乎關係不大的《讀書》雜誌。他指出這個刊物「編得不錯，我也喜歡看」。《讀書》存在的問題，主要是「不夠名副其實」，沒有「滿足廣大讀者更多方面的需要」。接著又說：「《讀書》月刊已經形成了它的固定的風格了，它有自己的讀者範圍，可能不宜改變或至少不宜做大的改變。」他希望仍然把《讀書》雜誌辦下去而另外辦一個刊物，來滿足另一些需要。看來，喬公已經知道有一種聲音要停辦或對它作「大的改變」，而他顯然並不支援這意見。聽到這裡，我簡直要跳起來——喔！這不解放了嗎？

原先以為，「淘氣」一場，闖了大禍，現在如此

結局，簡直喜出望外。當然，這不是說我們已有的「淘氣」都淘對了。以後，在眾帥爺領導下，大家好好總結經驗，的確也發現不少做錯了的地方（例如前面說到的「哪壺不開提哪壺」），由是改變了一些做法。但由這，使我們產生了一個想法。這就是楊振寧博士近來關於教育問題說的話：「淘氣好玩的孩子好不好？我的回答很簡單，我覺得很好。也許淘氣的孩子會做一些打破一件東西的事，但從長遠看這沒有特別的重要性。」我們編了幾年雜誌，的確也做了一些「打破一件東西的事」。但是，畢竟通過實踐，慢慢琢磨到怎麼才能把雜誌編得不出格而又耐看。十幾二十年，路就是這麼走過來的。

類似的「引導」，還有一次，過程也許更加曲折。

1987年，還是我常到有關部門去做檢討之時，某日忽然收到「胡辦」送來一信，其中有喬公寫給我的親筆信。我雖然在出版界混過多年，到這時為止，卻從未同部長以上的高幹打過交道，更不會有高幹知道我的名字。喬公在信中很客氣地說，要給《讀書》投一稿，是他為自己的新詩集《人比月光更美麗》寫的後記，望予採納，云云。此信看後大驚，因為我在上面說過，此前若干時候，亦有「某辦」來信，批評我們的文章反黨反社會主義云云，此「辦」雖非那「辦」，但是都是逕直向下級來信，如是所為者何？請教了一下朋友，說看來這只是投稿，並無別故，敬請放心。於是我在某日又到上面彙報工作之時，順及此事，並表明喬公對《讀書》十分關懷，著實張揚了一下。不知是不是這原因，從此清風霽月，《讀書》雜誌欣然過關，沒有人再嚷嚷《讀書》不聽話了。我至今不知，喬公親自作書投稿，是不是亦屬對下屬扶持或引導，但它確實起了這種作用。我居於底層，不明上峰情形，於喬公更是素昧平生，從未謀得一面，所以此舉必無我個人的「人情」在內。想必喬公也是愛

讀《讀書》的，所以偶加呵護。不論如何，故事兩則，姑記於此，詳細情形容史家另行研究考證去吧。

許多事沒有按列寧的教導認真去做

我從十三歲離開正規學校，拜師學手藝，十九歲在窮愁潦倒之際幸而考入出版社，當了校對，以此開始出版生涯。我是嘗過失業失學的苦的，所以大約在做出版工作的頭三十年裡，勤勤懇懇，只求捧住飯碗，做個唯命是從的「乖孩子」。接手編《讀書》以後，大吃一驚，原來現在要做的事，需要獨立思考，不能只靠「乖」吃飯。雖有眾「帥」在位，可以遮蔭，但是還得靠自己去思索和操作。

大約在五○年代末、六○年代初，我因工作需要，為了反修，學了一些馬列。當年影響最深的，是列寧批判考茨基的論述。我們的革命導師指出，叛徒考茨基的所作所為，無非是在資產階級社會裡「跪著造反」，這實際上為當時的執政者更好地效勞，而不是革命者所應為，所以稱之為「叛徒」。過了二十年編《讀書》雜誌，遇有思想新穎而職業習慣告訴我要謹慎的文章，我往往想起列寧的這些名言。我當時想，我們允不允許一些人採取言論上「跪著造反」的形式來為我們這個社會更好地效勞呢？

我得承認，我是一個怯懦者，想到而大多不能做到。我當年在編發顧准前輩的文章時，就有過應當允許「跪著造反」這念頭，但臨了還是扣了一些篇不敢發，更不用說別的稿件了(感謝後來有同行把顧文集印成書了)。所以，對於在《讀書》工作的這些年，我所慚愧的只是，許多事沒有按列寧的教導認真去做。

（欲詳全文，請入www.netandbooks.com） ∎

王力先生的三封信 　+陳萬雄

收到寄贈的《王力先生百年誕辰紀念文集》，就浮現起與王力老生前的交往而留下一份印象。這份印象不因歲月流逝而退減。反因年齒日增，閱世漸深，愈是鮮新，愈感珍重。

王力老是我剛出道最早認識的學術界長者之一，時在1980年。該年，他與夫人到香港作學術訪問。出於對他的尊敬和他與商務印書館的長期的淵源，在假日為兩老安排了新界地區遊，以盡地主之誼。當時香港新界交通，不像現在，周遊一匝，要整整一日，道路也時有顛簸不平。記得回到港島出席晚宴，王力先生曾略作休息外，一直遊興很高，儕日不見倦容。年屆八十，體精魄旺如此，印象特深。王力先生棄世時已年屆86，應屬高壽了。由於他給我留下身壯力健的印象，他去逝時，我總有過早的感覺。王力先生身材相當魁梧，相貌也近嚴肅，說話並不多。經一日的相處，用「望之嚴嚴，即之則溫」去形容，最恰當不過，這也可在紀念集親朋學生回憶文字中得到印證。

同遊之日，我就留下了很多可回憶的印象。

書我是喜歡讀的，積累經驗所得，也懂在著作中窺測作者學問的深淺。但是在三言兩語間，認識到一個人學問的深淺，卻是在初識的王力老身上體驗到的。該日大清早，我們驅車到香港大學寓所接兩位老人家，初見面，不免寒喧幾句。我只說了約三句話，王力先生輕聲的對我說：「你是東莞人。」我講話有鄉音，但二、三句短話中，就能斷然指出來，當時我真佩服。晚宴同座一席，談話約經一刻鐘，王先生對座中的一位蕭先生說：「您是上海出生的廣東人。」語調仍是輕輕的，說得卻斬釘截鐵。聽了，我真覺神奇。漢語和方言，在語言學家來說，或有規律可尋，

但王力先生快速而準確的判斷，雖不懂語言學的我，亦可略窺他語言學的造詣了。重要的，他時刻觀察，在日常生活中驗證學問的為學精神，給我上了難忘的一課，讓我學懂這種性質的為學方法，終身受用。

現在我還珍藏著王力先生送我的贈書、墨寶和書信。其中的三封信的背後故事，也是讓人難忘的。

1981年初，香港商務印書館出版了一套七冊、集其時大陸語言學一時英彥講稿的《語文學習講座叢書》。因在港認識了王力老，竟冒昧去信請他老人家寫一篇書介，以推薦該套叢書。該種做法，說白了，要借王力老的文章做廣告。現在想來，其時著實少不更事，不知天高地厚。王力先生不但不以後生小子的不情之請為忤，且很快就轉寄來了稿件，並另寄來一封很客氣的親筆信。當中有長者寬容外，不擺架子，時刻以普及和提高大眾語文水平為心為念，相信也是他願意寫這篇推介文章的原因。王力老一生，龍蟲並雕，這才是真學人、通人。稿登了，只有丁點兒的稿費。我去信王力先生請教稿費處理辦法，為此他再來一封信。事忙，這事一直未辦好，拖了不少時間，王力老也沒有督辦。現在看來，或按當時香港的收入，幾十塊錢真是微不足道。但七、八十年代之交，中國大陸人均收入仍然是一百幾十元的水平，幾十塊錢亦不算少。差不多近一年，有機會到北京。我才按他來信的囑咐，購買了一瓶咖啡。在京事忙和疏懶，只託在京友人將咖啡轉交王力老。事後聽說尚要勞駕老人家去拿回來。這就來了他給我表示感謝的第三封信。信來了讀了，想起這瓶小小咖啡終於到了王力老手中的整個過程，一長一少的行事的對比，當時真慚愧之極。長者風範，仁者之心，雖小事亦有可觀者焉。

+ 陳萬雄／香港商務印書館總經理兼總編輯。

2000年是弘一大師一百二十週年誕辰。上海博物館在此時也出了弘一大師很多從未公開的墨寶來紀念弘一大師。此次展覽也是中國大陸首次舉辦弘一大師墨跡展,意義可見一般。我們請兩位作者從不同的角度來回顧弘一大師。

弘一大師的生命因緣

＋洪啓嵩

「悲欣交集」是弘一大師在一九四二年九月初一所寫下最後書跡,每次望著這四個字,心中都充滿著最深密的感動,或許也可以說是一種悲欣交集吧!

我一直認為「悲欣交集」是弘一大師一生所寫書法中,最動人心魄的一幅字。這四個字不僅意境天成、純任自然,全盤托出他一生的生命境界。

弘一大師用這幅字交代他一生的沒有遺憾,只有感通、感動。沒有任何的造作、沒有任何的遺憾,更讓人見識到這個永恆生命無盡無滅的力道,也讓人意會到什麼是不可思議的美,一種蘊含著真善與聖境的美,觸動了我們心靈的底層,解釋了我們生命中的最後,最深的祕密與困境,讓我們從生命的囚籠中解脫而出。

弘一自在了,我們何妨也感通而自由。

就弘一大師的一生而言,他表現出一種完整生命的風範,顯示出統一的生命境界。或許以一般世間的眼光看他的生命,認為他的生命是一場絕對的翻轉。

三十九歲的出家,就如同淨水般隨緣自然,他由一位風流倜儻的藝術家,在這一年突然盡散身物而出家,成為絕頂靜默枯寒的生命,實在是不可思議。

弘一大師 （雄獅美術提供）

但是,我們如果你細觀察,卻察覺弘一大師在如此的絕對翻轉中,雖宛若長江三峽的激流奔轉而下,但在這生命的大轉折處,卻平和的幾乎沒有濺出任何水花。

因此如果仔細思惟他的一生,不管是李叔同或弘一都是以自身的生命實踐生命自身,實證自身的生命。因此這種在看似絕然的翻轉分裂,在內證上卻是絕然的相續統一。

而在外相上,這一場生命的大轉折,使他完整自身的生命,讓自己的生便成了一個圓,宛轉統合在自心對生命莊嚴的核心上。

「君子之交,其淡如水;執象而求,咫尺千里。

問余何適,廓爾亡言;華枝春滿,天心月圓。」

由此遺偈與書寫這二首遺偈的字,讓我們睹其字如見其人,見其文能會其心;而由這遺偈也可看出弘一大師對於人間的完整交代,生命最圓滿的句點。或是說弘一大師盡生命的最圓滿相續。

弘一大師的一生,讓人驚嘆嚮往不已,而十分幸運的是,他的一生事蹟,有人以全部的心力投入寫下

＋洪啓嵩／佛學研究者

感人的傳記。這一本《弘一大師傳》是由陳慧劍先生所著，出版於一九六五年二月，共有三十八萬言。本書起初由作者個人發行，在一九六九年後，由三民書局（東大圖書公司）再版，至今流行不衰。並對台灣的藝文界與界投入深遠的影響。誠如本書作者所言：「『高山仰止，景行行止，雖不能至，心嚮往之！』

所以弘一大師對陳慧劍先生而言，可說是他一生中偉大的典範。因此，他可以說是將自己的全部生命心力投入弘一大師的世界，而以最景仰、真誠的心，詳實而會通的寫出這一本《弘一大師傳》。

陳慧劍先生認為：「我的作品，則是純文學的、生活的、思想的描寫，從一個人生平行為著眼，並賦予人物生活方式的再現，務使讀者有『身臨其會』之感」。

因此，我們讀其文章，可以感受到他是以生命來投入；雖然他對弘一大師十分的崇仰，但是他對資料的使用，卻是十分的小心與客觀，希能儘量還原弘一大師的原貌。

書中敘述：

「在弘公史料中，有人說：弘公出家，未取得誠子的同意，誠子到虎跑求見最後一面，弘公不見，誠子悲慟數日，最後回上海，送幼子至天津，然後返國回日本。這裏有不確的地方。據弘公自己在信中告訴郁智朗居士：他出家是得到家人充分同意的！因此，他勸郁智朗，不可在妻子反對下出走，要這樣會招到惡果。弘公豈有妄言？所以我在文中寫這一段是：弘公取得誠子同意後出家，至於誠子是否留有一子，又是否送到天津故居，也因資料不足而不作過詳盡的描寫。」

而弘一大師出家前的日籍夫人誠子，在《弘一大師傳》的九版之前，因為弘一出家前的私人生活的原始資料不足，所以無法確知本名，因此作者陳慧劍先

雄獅美術提供

這是弘一大師在1942年寫下的最後書跡。

生都是以「雪子」的假名代替。直到二十年後，陳先生才由遠方友人楊銳查出她的真名——誠子，而得以正名，可見作者在此書出版後，繼續對此書的訂正。

在觀察弘一大師的奇麗莊嚴的一生時，大部分人的眼光會被他在出家前李叔同時期的燦爛藝術生命，與出家後弘一的端謹淨嚴的生活所吸引，但是我們一定要注意到弘一大師的宗教修持境界，否則根本無法了解他所寫下的最後書法「悲欣交集」及遺偈「華枝春滿，天心月圓」的深境。

弘一大師可說是當代高僧廣欽老和尚的救命恩人。廣欽老和尚是當代最有名的苦行僧，他的禪定功深，時常一定數月，而且每日僅以水果為生，不食熟

法、篆刻、戲劇、詩文；出家後他是譽滿天下的佛教高僧，中國南山律宗第十一代祖師，致力於律典的整理，寫出了不少重要的佛學著作。

雲天義重

四位君子，以弘一大師年紀最長，生於1880年，馬一浮則比弘一大師小三歲。不過弘一大師未出家時，在佛學上奉馬一浮為師，兩人關係其後變成了「亦師亦友」。特別是弘一大師於三十七歲時在杭州虎跑寺實行斷食後，與馬一浮來往來甚頻。兩人惺惺相惜，不僅在佛學，彼此更是書法大師，而且都愛好古琴。

夏丏尊比弘一大師小六歲，兩人是以平輩相交，曾同在浙江兩級師範任教，做過同事。據陳慧劍著的《弘一大師傳》，其中一章是〈弘一大師書簡研究〉，提到大師所遺下的書簡，〈致夏丏尊函〉達九十五通。他指出，夏丏尊在弘一大師的生活中，是一個最重要的闖入者，對大師敬愛固深，受大師的影響也最深，當大師出家時，已誓願為大師一生的護法，不管山高路遠，始終不渝。他又說：「丏尊與大師之間的雲天義重，也只有在雙方函件中，才能徹底明白。」

至於豐子愷，比弘一大師小十八歲，在四君子之中，要執弟子禮，他曾在浙江省立第一師範做過弘一大師和夏丏尊的學生。弘一的言行、思想、品格以至信仰，對豐子愷的影響都很深。豐子愷其後更拜弘一為師，皈依了佛門。他與弘一大師，可說是趣味相投，繪畫和音樂都是彼此的共同興趣，而豐子愷在上海的家宅，弘一大師亦為之命名「緣緣堂」。

1916年，李叔同斷食之後體驗到「身心靈化」的境界

本書作者陳星，生於杭州，中國作家協會員，現任杭州師範學院弘一大師、豐子愷研究中心主任和教授。主要著作有《弘一大師傳》、《豐子愷新傳》、《清涼世界——豐子愷藝術研究》、《隱士儒宗馬一浮》等，由他寫弘一大師、馬一浮、夏丏尊、豐子愷四位君子的交遊實錄，自是資料詳盡，駕輕就熟。書中附了多幅珍貴歷史圖片，堪稱風格獨特的文化讀物。有關本書主題，還可參閱弘一大師的《晚晴老人講演集》、新加坡廣洽法師出版的《弘一大師紀念集》、陳慧劍的《弘一大師傳》以及豐子愷的散文集《緣緣堂隨筆》，對四位君子的交往，自會有更深刻的認識。

縱觀弘一大師的一生，圓寂時說的「悲欣交集」，其中的「欣」，可能是因為有了「淡如水」的「君子之交」，真摯的友情，令他活得很開心。且看他臨終時寫給夏丏尊的偈語：「君子之交，其淡如水；執象而求，咫尺千里。問余何適，廓爾亡言；華枝春滿，天心月圓。」 ■

《弘一大師傳》，陳慧劍著，三民書局出版
《弘一大師翰墨因緣》雄獅美術編，雄獅圖書公司出版
《君子之交:弘一大師、馬一浮、夏丏尊、豐子愷交遊實錄》
陳星著 中國友誼出版公司出版

ESTUDIOS SOBRE EL AMOR

愛

作者：荷西·奧特加·加塞特（Jose Ortega y Gasset）
譯者：王貴梅
出版：究竟

讓我們承認，戀愛中的人，往往被一種急迫的專注力，迫使自己融入對方。如果不是這樣，一種卑下的痴愚，人類就不可能墜入情網。然而，從身心底下滾動起來的情愛，與神秘主義一樣，竟然有著心醉神迷一般的相似。他們因此獲得恩寵，這是情人與神秘主義者的共同表徵。作者奧特加·加塞特，被稱為「西班牙的杜斯妥也夫斯基」，他以歐洲文化作為思辯基礎，閱讀起來，彷如一趟歐洲文明之旅。

ESTUDIOS SOBRE EL AMOR

物理與頭腦相遇的地方

作者：柯爾（K.C.Cole）
翻譯：丘宏義
出版：天下文化

本書副標「物理是一種生活方式的反省」。論及現代物理科學，大家都視為畏途，敬而遠之。但作者的寫作企圖，十分明顯，就是消除廣大讀者對於現代物理的陌生恐懼，且把讀者與物理之間的關係，重新拉回到日常的生活層面，一個真正的普羅科學文化。

DE MONARCHIA

論世界帝國

作者：但丁·阿利蓋里（Dante Alighieri）
譯者：朱虹
出版：台灣商務

但丁以「神曲」著名於世。恩格斯說，他是中世紀最後一位詩人，同時又是新時代的最初一位詩人，應該意指這本政治理論代表作，『論世界帝國』。

那年代的政治論論述不多，亞里士多德及但丁，算是箇中翹楚。主要是政治大氣候中，封建貴族與市民、羅馬帝國與教皇的鬥爭矛盾，以及各城邦的割裂分據狀態，而新舊時代夾縫中，但丁主張君主神受，這個僅有上帝才能統治人類的政治版圖，就是世界帝國。教會的統治權被徹底解放了。

WHAT IS LIFE? & MIND AND MATTER

生命是什麼？

作者：薛丁格（Erwin Schodinger）
譯者：仇萬煜、左蘭芬
出版：貓頭鷹

本書是二十世紀最有影響力的科學經典之作。作者薛丁格，物理界巨擘，因研究波動力學，獲得一九三三年諾貝爾物理學獎。在上世紀，關於生命基因之研究成為顯學以前，就是以這本小書為前沿，取得壯闊發展的物質基礎。令人驚訝的，作者在自傳說，多少夜晚，他和朋友總在街頭漫步，他們因為全神貫注，而渾然不知自己的開創見解，後來解開了人類基因密碼，正是千百年來，多少偉大心靈所不斷思考突破的課題。這讓人想起，偉大的科學家總是只問最簡單問題。

THE EXPRESSIVENESS OF THE BODY
and the Divergence of Greek and Chinese Medicine

身體的語言
──從中西文化看身體之謎

作者：栗山茂久
陳信宏譯
出版：究竟出版社

在忙碌的現代生活，人們僅僅察覺到疲倦與腰酸背疼，卻很少去注意身體語言的表現方式。日籍作者栗山茂久專研比較醫學史，他讀遍了中西醫學經典，作了極為貼近的比喻，「歐洲人（醫學）注重理性推理上的精確，中國人則較為天馬行空且富有詩意」。因此，要去解密中國醫學寶典，必須通過醫學診斷者對於身體的長期觀察，累積知識與智慧，以一種不為人知的想像比喻，把醫學知識重組建構起來。本書就是作者從中西文化看人類身體之謎，它這麼接近我們呼息的生命，卻又如此深奧迷離。

LEADING THE REVOLUTION

啓動革命

作者：蓋瑞·哈默爾（Gary Hamel）
譯者：李田樹、李芳齡
出版：天下文化

這是一本非常有氣魄的書。一開始的序文就言明：「獻給勇敢啓動革命的人」。然而，這並非二十世紀的社會主義革命，而是一種觀念與創新的革命。作者寫過「競爭大未來」而在管理學界得到好評，此書延續他一貫挑戰舊有管理習慣、挑戰既有階層秩序與由而上下的決策方法，試圖提醒現在的所有企業，唯敢於自我革命、不斷創造的人才能生存。他的一句名言是：矽谷精神不是「e」，而是「i」，innovation。

人有病 天知否
一九四九年後中國文壇記實

作者：陳徒手
出版：人民文學

十篇討論中國現代作家一九四九年以來坎坷遭遇和實際處境的文章，早在《讀書》雜誌上發表時就已引起廣泛注意，原因無他，多舉事實，肯講真話而已。大陸每年出版新書實在多，但肯下扎實工夫的少，花架子和講空話的居多。急功好利而外，畏懼權勢和材料不足亦為其主要原因。作者因其工作便利，又捨得下苦工夫，所以成就顯著。誠如林斤瀾在序言中所說：「阻擋真、美再現的人，你明白還是糊塗？至少要知道，你是站在莊嚴世界面前。這面如永遠的明鏡，也是永遠的鐵面。在這面上辛苦工作的人，查檔案，找材料，訪人物。為真也為美，青燈黃卷，善哉善哉！」　■

詞指出了未來的某些事態。它們也蘊含了運用這些辭彙的人感受到了某些能力、某些可能，並覺察到他能夠運用這種能力。

雖然我們知道我們難以捉摸自由的終極意義，讓我們還是盡力想辦法來界定這個詞彙。第一種定義，出自於日常行為領域的心理層面：

自由，便是在面對四面八方同時湧至的刺激時，那份稍安勿躁的能耐，同時，在這種稍許的猶疑中，能夠依據個人價值做出某種回應，而不是另一種回應。

這種自由，便是我們在一間商店裡買領帶或上衣，稍微遲疑猶豫時的體驗。我們喚起種種形象，想像我們穿這一件或那一件時看起來怎麼樣，某某人看了會怎麼說，穿什麼顏色可以搭配哪一套衣服。接下來，我們會買下這條領帶，或著繼續找別的領帶。這就是行動的自由，或存在的自由。

在此，我們必須邁向我們的第二層定義。索忍尼辛看見了一種趨勢，任何對自由的定義若只包含行動的自由時，就會走向膚淺。他接受胡佛中心的美國友誼獎時，在史丹佛演講指出：

遺憾的是，跟從前比起來，近幾十年來，我們的自由觀念日趨澆薄、每況愈下，而幾乎被貶低至特指沒有外在壓力、沒有國家鎮壓的自由，亦即只由法律層面來看待自由，此外無他。

生命的自由，本質的自由

「行動的自由」指涉的是行為，而「生命的自由」則指沒有特定行為傾向要作的生活脈絡。它涉及了吾人態度更深的層面，而且是蘊生「行動自由」的泉源，因此，我把這第二類的自由稱為「本質的自由」。二次大戰時，布魯諾‧貝多漢(Bruno Bettelheim)被囚禁在集中營兩年所做的證言，很可以說明這一點。那時候，他一點行動的自由都沒有，也沒辦法改變黑衫隊的行為。但是，他卻擁有他所謂的「終極自由」，他有自由選擇用什麼態度去面對抓他來的人。這種生命的自由或本質的自由，涉及的是反省和權衡輕重的能力，有了這種能力，才會有提出問題（不管有說還是沒說出來）的自由。

聖昆丁監獄的一位囚犯，在接受菲力普‧辛巴多(Philip Zimbardo)採訪時，為我們提供了整個問題的出發點。這名囚犯是墨西哥裔的美國人，也是一位詩人，他無法忍受監獄裡的待遇，因而，有五年之久，他都被關在獨囚間裡，很諷刺的是，這種獨囚間在聖昆丁被稱為「頂級調適中心」。我引用他在採訪中所說的話：

他們讓我遠離家人，使我沒辦法觸摸到我的小兒子。他們把太陽、星星、月亮都藏了起來，讓我看不到，泥土和花朵，所有溫暖輕柔的東西都不見了，取而代之的是水泥和鋼鐵。

我耳中縈繞著他們訂的規則，掩蓋了輕拂過我髮絲的風聲。

行列之間，禁絕任何一行眼淚。我肌肉中的力量，禁錮在鎖鍊和腳鐐手銬之間。

他們一直試著否定我的存在，也幾乎就要得逞。

他們讓我一無所有，但是，他們卻仍無法找到一個地方，一個內在之核、一個私密的所在。

說出這些話語的人，顯然意不在「種種刺激」之間做選擇。這顯然是一種截然不同的自由，也就是

「內在之核」、「他們仍未無法找到的……私密的所在」所表達的意涵。他繼續說：

就在這個所在，我思考著我是誰，我試著了解我的敵人是誰、他們為何如此做，同時，也就是在這個所在，我保持自己意志的活力，讓我能夠在被視為草芥不如、充其量被視為動物、被視為困獸的地獄裡，繼續活下去。

我們注意到，他並沒有說「我要做什麼」，而是說「我想要了解」。他沈浸在自己思想念頭的連續飛躍之中，這些飛躍蘊含了他跟自己的關係，正朝向嶄新向度有所突破。這很顯然不是行動的自由，而是生命的自由。

最重要的是，他也告訴我們，讓他有生存意志的所在究竟在哪裡。這種自由讓他振作精神、鼓舞力氣，他也很恰當地詮釋它，視之為獨囚間中苦悶孤絕的活力泉源。他的結論：

有時候，雖然我心情沮喪，一直想放棄，我的思維發現卻帶給我喜悅。因為，這些思維一旦找到門路，把我的想法帶走，我就自由了。

知識便是自由，也正是此一絕望之地的希望之源。

沒有自由權的人，可以活下去，但失去了自由的人，便無法再活下去。

在那直指人心的最後一個句子裡，他用了我在這本書裡選用的語彙，「自由權」(liberty)指涉的是政治的情境。如果我們必須在法西斯主義或監獄裡過活，雖然我們對之痛恨不已，但我們可以活下來，然而，基本上，自由(freedom)指的卻是內在狀態。這個「核心」、這個「私密的所在」對我們做為人類而活下去，乃絕對必要的條件。它讓人有了活著的意義，讓人有了自律、認同的體驗，讓人擁有運用「我」這個代名詞全幅意義的能力。

我不想把這種內在的自由與感性的主觀陳述混為一談。描繪內戰的戲劇《謝南多厄》(Shenandoah)裡，有一個黑人小男孩的歌舞表演配著一句話「自由與否，存乎一心。」對馬丁‧路德‧金恩(Martin Luther King)來說，自由與否，其實只是存乎一心嗎？對抗議種族隔離的自由行示威者來說，自由只存乎一心嗎？對華盛頓和福吉谷(Valley Forge)操演的殖民地軍人而言，自由只存乎一心嗎？對於婦女解放的運動者而言，自由也只是一種心智狀態嗎？

我會認為，我們引用其詩句的聖昆丁囚犯，會比他身邊的獄卒更加自由。在他所寫的一首詩裡面，我們發現這樣的字句：「我們雖身陷囹圄／獄卒卻並不自由！」沒有人能否認，身為羅馬奴隸斯多噶派哲學家的愛比克泰德(Epictetus)，比他的主人和領主自由多了。這兒所說的囚犯，他所體驗到的生命內在處境的自由，成為他的人性尊嚴、寫詩力量之泉源，「從我的單人牢房裡，用一支禿掉的鉛筆，把監獄的柵欄一筆勾銷。」

聖昆丁囚徒也告訴我們，他的「知識便是自由」和他的「希望泉源」。塔拉曼帖(Talamantez)從來不說「希望擁有」什麼東西，他要求的是擁有認識上的自由，不論有沒有具體的事件發生，這種自由本身就充滿希望。

我認為，我在這兒所謂的生命自由或本質自由，相應於奧古斯丁所謂的「首要自由」(freedom major)，而他所說的「次要自由」(freedom minor)則相應於我所謂的行動自由。本質自由乃是其他型態自由所從出的根源。

∎

RAP與亂序 ＋翁嘉銘

難得一口氣讀完一本書，她叫《亂序》，封面的三行字就緊緊捉住我的心：「如果夢想都能成眞，如果沒有任何限制，一個理想的組織該有怎樣的性質？」這也是我長期的疑惑，急迫想一探究竟，到底作者有何錦囊妙計，解救傳統獨裁、僵化的組織、意識型態及其結構。我帶著興奮之情，翻閱《亂序》。

同時，唱片堆裡有三、四張專輯，以極大的咆哮、調侃、諷刺、幹譙，渲洩著年輕的意見、想法、不滿、反抗及慾求。張震嶽《有問題》專輯中的〈放屁〉、〈TROUBLE〉、〈0204〉等歌曲，和「糯米糰」《青春鳥王之巴黎草莓》專輯的〈阿魯巴痢疾〉、〈青春小鳥〉，還有MC HOTDOG的〈讓我RAP〉、〈你要去那裡〉等等歌曲，都在對陳腐的、封閉的、侷限的體制，組織，思想，行動，或隱或顯地反擊、瓦解，以音樂作為傳達新世紀思維的管道，冥冥中，彷若與《亂序》隔空對應。

讀《亂序》也和音樂有關。這本書是音樂人林暐哲送我的；林暐哲在「黑名單」客串過，演唱〈民主阿草〉；十多年前，經常在遊示威的街頭碰面。那天，在一家咖啡館相遇，聊起唱片市場蕭條、社會力低迷、國家目標茫然，在相對無言後，他忽然掏出《亂序》，以莫大的誠摯推薦，並說：「你讀了，如果覺得很屌，就把它送給別人；然後自己再去買一本，還要經常再翻幾次！」從來沒見過人家這樣對待一本書。熱情感人，我怎能

歌手張震嶽

辜負他的好意。很快讀完《亂序》，和林暐哲一樣激動，送給另一位友人，又買了一本留在身邊。

《亂序》是VISA創始人Dee Hock的著作（中文版李明譯，大塊文化出版），它不是書市上千篇一律的企管指導書，或所謂的智慧管理手冊，而是帶領我們走入美好生活的進階；不是個人的，而是全體人類都面臨的危機；組織的強權宰制，生活本質的扭曲與人性的異化，而我們身處其中，習慣、適應、內化為大多數人的價值取向，並同樣以宰制、扭曲、異化對待自己，及周遭人等。《亂序》提醒我們，不悲觀而積極地革新，以VISA（跨組織地域與文化的「價值交換」的全球系統）成立始末為實驗場，破解組織必然邁向官僚，必然腐化的因果律。

當前組織的弊病，不論是聯合國、政府、企業、學校或家庭，所面臨的都是同樣的問題。Dee Hock直指問題核心：為什麼任何地方的機構，不管是政治性、商業性或社會的，都愈來愈難管理好自身的事務？為什麼到處都看到個人與所屬的機構，愈來愈對立或疏離？為什麼社會與生物圈，愈來愈紊亂？這不就是「糯米糰」唱說的〈阿魯巴痢疾〉嗎？

我個人認為，《亂序》所揭櫫的是，浪漫的夢想，開放的胸襟及熱情的行動，包括「沒有頭銜的差事」、「內心的呼喚：向生活新的可能性敞開吧！」、「讓組織成為理念架構」；「在協議和自治的循環下架構起來」。具有相當高的理想主義色彩，我一邊讀一邊

＋ 翁嘉銘/文化評論人

魔岩唱片提供

想，台灣的企業主、校長、總統讀了，會怎麼想？是不是笑笑，「那簡直是自殺或痴人說夢」？

不管科技多麼先進，政治和社會表象如何民主，今天大大小小的組織，仍然沉陷在「階級分明，講求支配／控制」的泥沼中。老中生代為金錢、權力等舊價值拼死拼活時，新一代的行動與心聲完全對老價值不屑一顧。權位者難以理解，只會大嘆世風日下，且以更強悍的操控，穩住僵固的道德體系。

流行音樂所呈現的大眾文化現象，最足以顯映年輕世代的心聲，同時讓透過歌手、樂隊取得發言權；RAP、 Hip hop更直接、嘲諷、掀開整個社會偽善的瘡疤。而當權族卻不自知，還在螢光幕當孔夫子，在議會殿堂耍流氓。然而，這在藝術的純真心靈底下，都輕易被拆穿了。阿嶽唱〈放屁〉；「糯米糰」幽默以對，輕唱：「眼睛黏到蜊仔肉！」讓歌迷爽到極點。

Dee Hock不無幸運之處，遇到肯放手讓他實踐夢想的大老闆。但他對理想的、智慧的、人性的組織架構的堅持及落實，令人敬佩。「失序」的台灣，需要這樣的推動者！不能期待「台灣偉人」的誕生，但盼望更多領導人物（包括父母、老師、主管等等），像Dee Hock一樣，「以自大換得謙卑，以嫉妒換得平靜，以貪婪換得時間，以野心換得自由。」（見亂序前言）或者，少上點電視，多聽些RAP，如MC HOTDOG所唸唱的：「就讓我來RAP，帶領你作戰；就讓我來RAP，歌詞就是原子彈；就讓我來RAP，你敢不敢來玩；就讓我來RAP，自己回家想想看。」

最後也請您買本《亂序》，如果您像我一樣激動，請送給另一個人，再買一本，隨時翻閱；也請買些RAP來聽聽，它不只是幹譙、吐槽，無聊的發洩，而是在岩牆中生長的小草，黑暗中推開緊閉的窗的手！■

《亂序》Dee Hock／著 李明／譯 大塊文化出版

給食物寫的一封情書 +于奇

雖然飲蹤食影是很普通的寫作題材，坊間也不乏讀之令人食指大動的關於食物、食事的書。但是能像沈宏非《寫食主義》（四川文藝出版）一樣將飲食之事寫得如此感性、時尚、熱鬧、煽情的也不多。全書近六十篇短文中，類似〈親愛的大閘蟹〉、〈你是我心中永遠的辣〉、〈吃進肚子裏的江湖〉、〈桑拿蝦〉這樣小題大做的標題在在都是。如果說一本書好看就代表了一切，《寫食主義》在寫食的題材中算得上蹊徑獨辟。這本「近期最爲時髦的新散文集」（《三聯生活週刊》語）確實可以帶給讀者某種閱讀的樂趣。

沈宏非是住在廣州的媒體工作者，本書所收錄的文章大多發表於過去兩年間《南方周末·新生活》的〈寫食主義〉專欄。令人驚奇的是，這些每周一篇的飲食文字，篇篇都洋溢著像是發自內心的熱情。當被問到「寫食主義」究竟算是一種什麼東西的時候，沈宏非情急之下借用了一個相當時髦的詞語——身體寫作。

事實上，沈宏非談吃的津津樂道以及對飲食全過程千迴百轉的挑逗，確乎不輸於棉棉、衛慧的「身體寫作」。在沈宏非的筆下，「食物所喚起的感受不僅是視覺上的，而且是神經系統，味覺、嗅覺、肌肉、內臟以及腸胃的感官總動員」（漢字很好吃／沈宏非）。如寫吃蝦，吃的是創新海派菜式的桑拿蝦，唇齒爽滑之餘體會的是桑拿浴後的全身按摩；又如比較吃饅頭與包子的不同樂趣，吃饅頭的樂趣在於，一口咬將下去，滿嘴皆爲飽滿和安全的感覺所充盈，而吃包子之樂，則在於舌尖破皮而入之際所產生的那種囊中探物之快感。作者聲稱，他是在「用單詞和句子對食物滋味以及飲食行爲進行解構及煽情」，就是「文字料理」。這種文字料理不僅能使人體會作者要傳達的藉由美食帶來的感官上的快意享受，而且也能感受作者用夾雜著市井幽默的調侃遊戲文字，誇誇其談、汁水淋漓的解讀飲食文化的風格，頗具娛樂性。以致於有評論說：「吃一頓火鍋，不如讀一篇他寫火鍋的文章過癮；進食一次北京烤鴨，也不如看他寫烤鴨的那些文章來得有趣；饅頭包子，這些食物中的芸芸眾生、基本群眾，通過他的點睛之筆，一下就變得非同凡響起來，令食客和讀者爲它們在人類生活中的重要性被重新肯定而驚喜，也爲作者賦予了它們十足的趣味性而感到開心」（「一部關於美食的百科全書」，祝大棣）。

如此說來，《寫食主義》在這個冬季成爲流行暢銷，也不意外。但是寫食到近於生理的狂歡，或許多少使作者也覺得未免太過耽溺感官。於是在這些飲食文字結集出版時，作者在序〈生於饑餓年代〉和跋〈寫給食物的情書〉中另作了一番表白：沈宏非是沈宏菲的筆名。「菲」字是他爺爺的創意，一是志記他出生年代的食物資瘠；二是憧憬食品供應的繁榮。而他出生的六○年代的饑謹空氣使他養成一種很容易進入饞態的習慣，進而發展爲性格的一部分，變成了一個吃飽以後依然很饞的人。這種饑餓年代饋贈的天賦異稟，正是他寫食的資本，他是將寫食當作給食物寫情書的。原來是這樣。難怪篇篇都洋溢熱情。

「上蒼保佑吃完了飯的人民，上蒼保佑糧食順利通過人民。」沈宏非調侃也罷，我們只當這是在世紀末能聽到的最深情的祝福。　■

Net and Books 網路與書
這個跨越閱讀界限的計劃，是一個全新的觀念。
在華文世界如此，在全世界也可能如此。

因此我們推出試刊號，
希望和您先一步溝通這個觀念，分享這個觀念。

現在您讀過了試刊號，
如果您贊成我們的想法，
希望您能以行動支持我們。

請訂閱這份月刊，
為了您個人的閱讀，
或是推薦給別人閱讀。

2001年4月30日之前，
試刊號期間，
訂閱1年，可擁有15期 Net and Books

Net and Books網路與書，
台灣地區訂閱一年12期NT$1800(150元X12)計算，香港地區HK$480，馬來西亞RM$216，新加坡S$120。

填妥申請表，剪下傳眞至台北(02)25452951

●粗線框內限台灣地區讀者以信用卡方式付款時填寫。
●台灣地區讀者如以其他方式付款，或台灣地區以外之其他地區讀者，請先填妥粗線框以外部份傳眞給我們，我們會通知您如何付款。

「網路與書」訂閱表

姓名：	性　別：□ 男　　□ 女
生日：19　　年　　月　　日	郵寄地址：
電話：	
傳眞：	
Email：	

信用卡付款 (年費NT$1800)

卡　　　別：□ VISA　□ MASTER　□ 聯合信用卡

卡　　　號：＿＿＿＿＿＿＿＿＿＿＿＿＿＿＿　　有效期限：200　　年　　　月

持卡人簽名：＿＿＿＿＿＿＿＿＿＿＿＿＿＿＿　　(與信用卡簽名同)

意 見 欄

服務電話：＋886-2-25467799　傳眞專線：＋886-2-25452951
網路與書台灣分公司　地址：台北市南京東路四段25號10樓之1
email: help@netandbooks.com